# 水族文化

## 生态保护区建设研究

卢延庆 编著

贵州省文化生态保护区专项资金扶持项目

黔南州『十四五』重大文艺选题扶持项目

经济日报出版社

THE ECONOMIC DAILY PRESS

黔南州文化广电和旅游局（州体育局）

图书在版编目（ＣＩＰ）数据

水族文化生态保护区建设研究 / 卢延庆编著. -- 北
京 ： 经济日报出版社，2022.7
ISBN 978-7-5196-1131-6

Ⅰ．①水... Ⅱ．①卢... Ⅲ．①水族－民族文化－文化
生态学－研究－黔南布依族苗族自治州 Ⅳ．①K286.9

中国版本图书馆 CIP 数据核字(2022)第 112368 号

## 水族文化生态保护区建设研究

| | |
|---|---|
| 作　者 | 卢延庆 |
| 责任编辑 | 宋潇旸 |
| 助理编辑 | 台钰山 |
| 责任校对 | 刘宇彤 |
| 出版发行 | 经济日报出版社 |
| 地　址 | 北京市西城区白纸坊东街 2 号 A 座综合楼 710(邮政编码:100054) |
| 电　话 | 010-63567684 （总编室） |
| | 010-63584556 （财经编辑部） |
| | 010-63567687 （企业与企业家史编辑部） |
| | 010-63567683 （经济与管理学术编辑部） |
| | 010-63538621 63567692 （发行部） |
| 网　址 | www.edpbook.com.cn |
| E－mail | edpbook@126.com |
| 经　销 | 全国新华书店 |
| 印　刷 | 四川科德彩色数码科技有限公司 |
| 开　本 | 710×1000 毫米　　1/16 |
| 印　张 | 11.75 |
| 字　数 | 163 千字 |
| 版　次 | 2022 年 7 月第 1 版 |
| 印　次 | 2022 年 7 月第 1 次印刷 |
| 书　号 | ISBN 978-7-5196-1131-6 |
| 定　价 | 68.00 元 |

世界自然遗产地——荔波喀斯特峰丛　周树元/摄

5A 级景区——小七孔　姚先顿/摄

风吹稻花香　熊亚平/摄

水上森林　荔波县文化和旅游局/提供

大国重器—中国天眼　代传富/摄

世界最高三塔斜拉桥—平塘特大桥　代传富/摄

高铁修到水家寨　赵匀川/摄

移民新村　代传富/摄

中共一大代表邓恩铭故居　莫雄亮/摄

红七军板寨会师旧址　张顺发/摄

水族石板墓 梁卫民/摄

水族传统民居 三都水族自治县文化和旅游局/提供

# 非物质文化遗产

水族端节　韦毓祥/摄

水族卯节　唐千翼/摄

水族马尾绣制作技艺　韦毓祥/摄

水族剪纸　卢碧忠/摄

水族婚俗　蒙宝华/摄

水族传统民居营造技艺　韦毓祥/摄

水族斗角舞　三都县文化和旅游局/提供

水族铜鼓舞　三都县文化和旅游局/提供

家祭　荔波县文化和旅游局/提供

祭石　荔波县文化和旅游局/提供

祭稻田 三都县文化和旅游局/提供

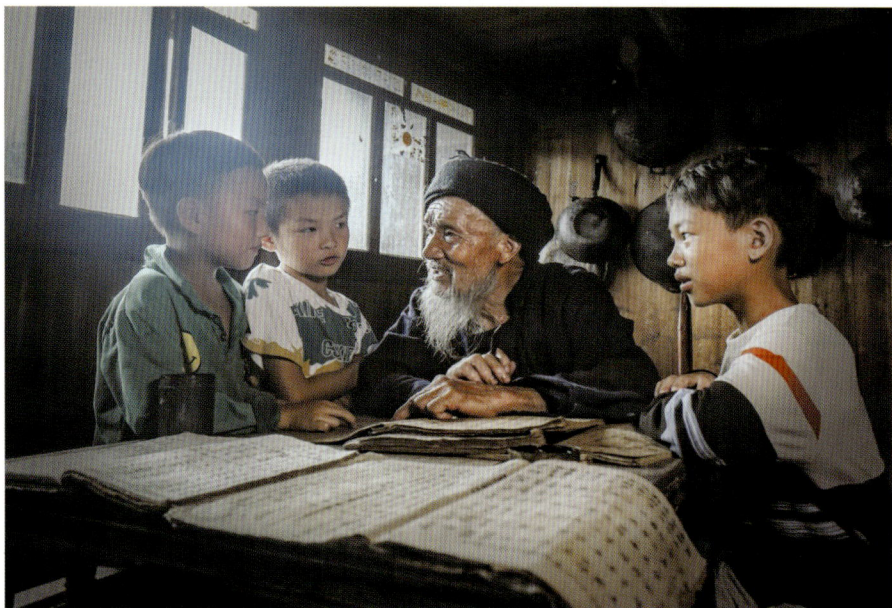

传承 黔南州摄影家协会/提供

# 编委会

主　任：冉崇永

成　员：宋志伟　张学亮　郭一鸣　徐　文

　　　　向兆国　邓云菊　张　莉　潘兴发

编　著：卢延庆

编　校：龙育才　廖崇虹　范　芹　谌　芮

# 目 录
**Contents**

# 第一章　文化生态保护区概述

## 第一节　文　化

文化虽在中国语言系统中古已有之，但最早一直是独立使用，《易·系辞下》有云："物相杂，故曰文"；《说文解字》亦云："文，错画也，象交叉"。由此可见，"文"最早的含义为交错的笔画纹理。随着社会的发展，"文"逐渐引申出文献典籍、礼乐制度、品格德行等新的含义，如《论语·子罕》云："文王既没，文不在兹乎"；《论语·雍也》云："质胜文则野，文胜质则史，文质彬彬，然后君子"；《尚书·大禹谟》云："文命敷于四海，祗承于帝"……

"化"本义为变化，指事物形态或性质发生改变，《庄子·逍遥游》云："化而为鸟，其名为鹏"。基于"化"的含义特性，后来又引申出通过教育使风俗、人心发生变化之义，如《礼·乐记》云："化民成俗"；《增韵》云："凡以道业诲人谓之教。躬行于上，风动于下，谓之化"；《老子·道德经》云："我无为而民自化"；等等。

"文"与"化"并联使用，最早见于《易经》"刚柔交错，天文也；文明以止，人文也。观乎天文，以察时变，观乎人文，以化成天下"，是"人文化成"的缩写，其中所谓人文，指的是自然现象经过人的认识、点化、改造、重组的活动。而将"文"与"化"直接联为一词者为中国目录学鼻祖西汉刘向，其在《说苑·指武》中写道："圣人之治天下也，先文德而后武力。凡武之兴，为不服也。文化不改，然后加诛。"自此，文化一词正式出现，并被赋予了"以文教化"之意。当然，关于文化的解释有很多，不一而足，在此仅以《现代汉语词典》（第7版）进行释义：1. 人类在社会历史发展过程中所创造的物质财富和精神财富的总和，特指精神财富，如文学、艺术、教育、科学等；2. 指运用文字的能力及一般知识；3. 考古学用语，指同一个历史时期的不以分布地点为转移的遗迹、遗物的综合体。同样的工具、用具，同样的制造技术等，是同一种文化的特征。

# 第二节　生　态

"生态"一词源于古希腊，原意指"住所"或"栖息地"，现指生物的生存状态。《现代汉语词典》对生态释义为：生物在一定的自然环境下生存和发展的状态，也指生物的生理特性和生活习性。对生态环境释义为：生物和影响生物生存与发展的一切外界条件的总和。生态由许多因素综合而成，其中非生物因素有光、温度、水分、大气、土壤和无机盐类等，生物因素有植物、动物、微生物等。在自然界，生态因素相互联系、相互影响，共同对生物发生作用。

生态文明，是人类文明发展的一个新的阶段，刘惊铎先生在《生态体验论》中将"生态文明"定义为从自然生态、类生态和内生态之三重生态圆融互摄的意义上反思人类的生存发展过程，系统思考和建构人类的生存方式。

1869年，德国生物学家恩斯特·海克尔最早提出"生态学"的概念，将其作为研究动植物及其环境间、动物与植物之间及其对生态系统的影响的一门学科。1935年，英国生态学家阿瑟·乔治·坦斯利爵士受丹麦植物学家叶夫根·尼温影响，首次提出"生态系统"概念，并提出："生态系统是一个'系统的'整体。这个系统不仅包括有机复合体，而且包括形成环境的整个物理因子复合体……这种系统是地球表面上自然界的基本单位，它们有各种大小和种类。"生态系统的范围可大可小，相互交错，最大的生态系统是生物圈；最为复杂的生态系统是热带雨林生态系统，人类主要生活在以城市和农田为主的人工生态系统中。生态系统是开放系统，为了维系自身的稳定，生态系统需要不断输入能量，否则就有崩溃的危险，然而纵观历史发展进程，无论是农耕文明还是工业文明，传统生态理念始终强调"以人为中心"，主张人的价值至上，尤其在生存发展压力影响下，经济发展与生态环境保护的冲突加剧，直接导致人与自然关系失衡，甚至已经严重影响到人类自身的发展。

1987年，世界环境与发展委员会发表了报告《我们共同的未来》，报告以"可持续发展"为指导原则，以丰富的资料论述了世界各国环境与发展方面存在的问题，提出了处理这些问题具体的和现实的行动建议，该报告定义"可持续发展"为"既满足当代人的需要，又不对后代人满足其需要的能力构成危害的发展"。1992年6月1日，由联合国环境规划署发起的政府间谈判委员会第七次会议通过了《生物多样性公约》，公约规定"发达国家将以赠送或转让的方式向发展中国家提供新的补充资金以补偿它们为保护生物资源而日益增加的费用，应以更实惠的方式向发展中国家转让技术，从而为保护世界上的生物资源提供便利；签约国应为本国境内的植物和野生动物编目造册，制定计划保护濒危的动植物；建立金融机构以帮助发展中国家实施清点和保护动植物的计划；使用另一个国家自然资源的国家要与那个国家分享研究成果、盈利和技术。"作为最早签署和批准《生物多样性公约》的国家之一，中国经历了"主动追随—积极参与—贡献突出"的发展历程。2007年，中国共产党第十七次全国代表大会提出"要建设生态文明"，提出构建以人与自然、人与人、人与社会和谐共生、良性循环、全面发展、持续繁荣为基本宗旨的社会形态。2012年，中国共产党第十八次全国代表大会首次把"美丽中国"作为未来生态文明建设的宏伟目标，将生态文明融入五位一体的国家发展总体布局。2017年，中国共产党第十九次全国代表大会明确提出"从全面建成小康社会到 2035 年基本实现社会主义现代化，生态环境根本好转，美丽中国目标基本实现；再到 2050 年，全面建成富强民主文明和谐美丽的社会主义现代化强国，我国物质文明、政治文明、精神文明、社会文明、生态文明将全面提升"的宏伟目标。

恩格斯曾经指出："人类统治自然界绝不是站在自然界之外的，人类对自然界的全部统治力量，就在于能够认识和正确运用自然规律。"[①] 由此可见，统筹人与自然和谐发展关系，是实现人的全面发展、社会全面进步的基础性问题，而将生态文明与物质文明、政治文明、精神文明、社会文明提到同一高度，则体现了中国到 21 世纪中叶全面建成社会主义现代化强国的信心和决心。

# 第三节　文化生态

很长一段时间，文化人类学家曾认为人类的文化发展是单一线性的，不同族群的文化均按照一定的模式发展，只是发展的程度有"先进"和"野蛮"之分。随着研究的深入，美国人类学家斯图尔德率先将生态学的概念和原理引入到人类学研究中，并于 1935 年在《文化变迁论：多线进化方法论》一文中提出"文化生态"概念，指出广义的"文化生态"指"人类在社会历史实践中所创造的物质财富和精神财富所显露的美好的姿态或生动的意态"，狭义的"文化生态"指"社会的意识形态以及与之相适应的制度和组织机构，通常泛指人类在社会历史实践中所创造的物质财富和精神财富的状况和环境"。斯图尔德认为"文化生态学是研究特定的生态环境与文化之间的相互依存和平衡的学科"。

---

①马克思，恩格斯·马克思恩格斯全集（第 20 卷）[M]. 北京：人民出版社，1972.

虽然"文化生态学"将人类的文化发展由单一线性拓展至多线性进化，但是基于"文化生态学在形成期主要局限于在美国的人类学家中进行小范围的区域性研究，致使文化生态学在大学的课堂里也只是被列为人类学的一个分支，而且，他们在研究中还存在许多理论的缺陷和实践的局限，所以其理论和方法论只能解释静止的事物，而无法解释动态的问题。"① 尽管早期的文化生态学本身并不完善，甚至存在许多自相矛盾的缺陷，但仍受到学界的广泛关注。众多专家学者不断对其进行研究和完善。冯天喻先生作为我国文化生态学的奠基人，他指出"文化生态学是以人类在创造文化的过程中与天然环境及人造环境的相互关系为研究对象的一门学科，其使命是把握文化生成与文化环境的调适及内在联系。"② 戢斗勇先生则在《文化生态学论纲》中指出："文化生态环境不仅仅包含自然环境和技术、经济因素，而是由'自然环境、经济环境和社会组织环境'三个层次构成的，形成了'自然—经济—社会'三位一体的复合结构"……随着文化生态学研究在我国不断走向深入，我国的文化遗产也开始从针对个体的"文化碎片化""文化孤岛"保护，逐步向整体性保护转型，这也成为我国构建文化生态保护区宏伟蓝图的坚实基础。

# 第四节 非物质文化遗产

文化生态保护区的核心是非物质文化遗产。

当然，"非物质文化遗产"也是一个外来词汇，亦被译为"无形文化遗产"，是相对于物质文化遗产提出的概念，其诞生至今也不过半个多世纪。

---

①戢斗勇. 文化生态学论纲 [J]. 佛山科学技术学院学报（社会科学版），2004（5）.
②冯天喻，何晓明，周积明. 中华文化史（第3版）[M]. 上海：上海人民出版社，2010.

早在 1950 年日本便颁布了《文化财保护法》，明确规定"无形文化财"是指"表演、音乐、工艺技术及其他无形的文化类生产中，那些对于日本具有历史或艺术价值的部分"，并将"身怀绝技者"认定为"人间国宝"，"无形文化财"成为国际上最早出现的与"非物质文化遗产"概念相对应的词汇；1962 年 1 月，韩国政府在学习日本"无形文化财"保护的成功经验的基础上，颁布了本国的《文化财保护法》，正式将无形文化遗产纳入国家文物普查和保护的法定范围；1972 年 11 月，联合国教科文组织在巴黎总部举行的第 17 届大会上通过了《保护世界文化和自然遗产公约》，公约的制定和执行虽然严格限定在物质文化遗产的范围，但仍隐约涉及了非物质文化遗产内容；1989 年 11 月，联合国教科文组织通过了《关于对传统文化和民间传统保护的倡议》，该倡议为传统文化和民间传统保护提供了总体框架，可视为非物质文化遗产保护方面的第一份国际正式官方文件；1997 年，联合国教科文组织制定并通过了《人类口头及无形文化遗产代表作宣言》；1999 年 11 月，联合国教科文组织第 30 届大会通过并决定设立《人类口头和非物质遗产代表作名录》，非物质文化遗产正式见诸官方文件；2000 年 6 月 15 日《人类口头和非物质遗产代表作名录》正式设立，为指导各会员国开展非物质文化遗产申报，联合国教科文组织还专门制定了《人类口头和非物质遗产代表作申报条例指南》，明确指出列入名录的非物质遗产代表作"必须是具有代表性的传统杰出工艺、有杰出艺术价值的非文字形式表现的传统民间艺术文学，突出代表民族传统文化认同，而又因种种原因濒于失传或正在失传的文化表现形式。"2003 年 10 月 17 日，联合国教科文组织通过《保护非物质文化遗产国际公约》，正式对"非物质文化遗产"概念进行了界定，即"指被各社区、群体、有时是个人，视为其文化遗产的各种社会实践、观念表达、表现形式、知识、技能以及相关的工具、实物、手工艺品和文化场所。这种非物质文化遗产世代相传，在各社区和群体适应周围环境以及自然和历史的互动中，被不断地再创造，为这些社区和群体提供认同感和持续感，从而增强对文化多样性和人类创造力的尊重。"对此，联合国教科文组织文化部国际标准司司长林恩德尔·普罗特做出了进一步解释："一个完整的'无形文化遗产'涵盖一个很宽泛的范围。例如：传统语言和口传遗产；传统宗教和礼仪；工艺设计和艺术作品的主题（其中一部分也许是神圣或隐秘的）、音乐、诗歌、戏剧、舞蹈、服饰、手工艺品和技艺（在建筑、织造和雕刻等领域）、厨艺、狩猎、园艺、医疗、处理冲突的方法等。"

虽然非物质文化遗产在中国已是家喻户晓，但引入中文语境的时间其实并不长，其今天所具有的知名度和影响力，主要得益于中国政府对非物质文化遗产保护和传承的高度责任感和使命感：2004 年 8 月 28 日，中国正式加入《保护非物质文化遗产国际公约》；2005 年 3 月 26 日，国务院办公厅下发了《关于加强我国非物质文化遗产保护工作的意见》，同时颁布了《国家级非物质文化遗产代表作申报评定暂行办法》；2005 年 6 月，文化部印发《关于申报第一批国家级非物质文化遗产名录的通知》，我国正式启动非物质文化遗产代表作名录申报及保护工作；2005 年 12 月 20 日，国务院下发《关于加强文化遗产保护的通知》，其中四级保护体系的制定、十六字工作方针的提出以及"文化遗产日"的设立，对我国非物质文化遗产保护和传承意义重大；2006 年 11 月，文化部颁布《国家级非物质文化遗产保护与管理暂行办法》，重申了"保护为主、抢救第一、合理利用、传承发展"的方针，以及真实性和整体性的保护原则；2007 年 2 月，商务部、文化部联合发布《关于加强老字号非物质文化遗产保护工作的通知》；2007 年，文化部印发了《关于推荐国家级非物质文化遗产项目代表性传承人的通知》，正式启动我国非物质文化遗产项目代表性传承人申报及保护工作；2011 年 2 月 25 日，第十一届全国人民代表大会常务委员会第十九次会议通过《中华人民共和国非物质文化遗产法》，结合中国实际，对"非物质文化遗产"概念进行明确界定：是指各族人民世代相传并视为其文化遗产组成部分的各种传统文化表现形式，以及与传统文化表现形式相关的实物和场所。包括：

1. 传统口头文学以及作为其载体的语言;

2. 传统美术、书法、音乐、舞蹈、戏剧、曲艺和杂技;

3. 传统技艺、医药和历法;

4. 传统礼仪、节庆等民俗;

5. 传统体育和游艺;

6. 其他非物质文化遗产。

随着《中华人民共和国非物质文化遗产法》的颁布实施,贵州、江苏、云南、上海等省市先后颁布了本地区非物质文化遗产保护条例,"将党中央关于非物质文化遗产保护的方针政策上升为国家意志,将非物质文化遗产保护的有效经验上升为法律制度,将各级政府部门保护非物质文化遗产的职责上升为法律责任,是我国履行非物质文化国际公约义务的体现,为非物质文化遗产保护政策的长期实施和有效运行提供了坚实保障。"① 这既是我国非物质文化遗产保护和传承能够在较短的时间内取得巨大成效的关键,也使得以非物质文化遗产为核心的文化生态保护区的创新性建设成为可能。

# 第五节　文化生态实践

相较于文化生态的理论研究,文化生态实践应用的步子迈得更快一些。

1872 年,美国黄石公园建立,美国国家公园管理局将自然遗产和文化遗产视为一体,进行整合式认定、区域性管理的模式,对后来各种保护区的建设具有深远影响。1906 年,法国颁布《历史文物建筑及其具有艺术价值的自然景区保护法》,首次将除建筑外的树木、瀑布、悬崖峭壁等极具

---

①蔡武. 文化建设立法的里程碑 [N]. 光明日报,2011-3-14.

艺术价值的自然景观也纳入到法律保护范围；1913年，法国颁布《历史古迹法》，将具有历史价值与美术价值的不动产，在景观上与它连为一体的、在其周边500米范围之内的其他景观，也一并纳入保护范畴；1962年，法国颁布《历史街区保护法》，将保护范围从历史建筑周边500米，扩展至与历史建筑有关的整个环境；1964年，联合国教科文组织颁布《威尼斯宪章》，指出文物古迹"不仅包括单体建筑，也包括能够从中找出一种独特文明、一种有意义的发展或是作为一个历史事件见证者的城市或乡村环境"；1970年，联合国教科文组织开展了"人与生物圈计划"，提出旨在将自然保护区与社区相结合，进行整体性保护的"生物圈保护区"……随着文化生态实践不断取得新的成效，各国陆续出台了一系列法律法规，为文化生态的健康发展奠定了更加坚实的基础。

在文化生态实践过程中，生态博物馆建设可谓举足轻重。1891年，哈·契利乌斯为保存因工业发展而濒临消失的古建筑和生活用具，在瑞典建立了世界上最早的露天博物馆——瑞典斯堪森露天博物馆，该博物馆集中了该国不同风格的130多栋建筑和典型庄园、作坊等，该露天博物馆的成功建立直接影响并催生出"生态博物馆"理念。1971年，法国博物馆学界两位承前启后的开创性人物——乔治·亨利·里维埃和于格·德·瓦兰首次提出了生态博物馆的概念；1973年，第一座生态博物馆——克勒索蒙特索矿区生态博物馆在法国诞生；1981年，法国政府对"生态博物馆"给出了官方定义："生态博物馆是一个文化机构，这个机构以一种永乐的方式，在一块特定的土地上，伴随着人民的参与，保证研究、保护和陈列功能的实现，强调自然和文化遗产的整体，以展现其有代表性的某个领域及继承下来的生活方式。"生态博物馆的建立彻底改变了传统博物馆"固定建筑＋收藏展示＋专家研究＋观众"的模式，并将其引向"文化空间＋集体记忆＋文化档案＋村民自治＋文化修复＋观众体验"。目前，全世界生态博物馆已达300余座，为生态保护区建设积累了宝贵的经验。加拿大上比沃斯生态博物馆是法国生态博物馆向世界推出的第一个试验区，于1978年建立，1983 年建成；美国的生态博物馆建设既汲取了加拿大的经验，也有自己创造的经验，如美国史密森学院开发的亚克钦印第安社区生态博物馆。

在亚洲，生态博物馆理念也逐渐受到关注：1991 年，日本在吉田山上建立了第一座铜铁制造区遗址生态博物馆；1997 年 10 月 31 日，贵州省人民政府与挪威王国签署了合作建设梭戛生态博物馆的协议，这是我国第一座生态博物馆，其保护范围包括梭戛乡 12 个村寨。之后，贵州省相继建立了贵阳市花溪镇山布依族生态博物馆、锦屏县隆里古城生态博物馆、黎平县堂安侗族生态博物馆。贵州生态博物馆群的成功建立，在全国起到了示范作用。2004—2005 年，广西南丹里湖白裤瑶生态博物馆、三江侗族生态博物馆、靖西旧州壮族生态博物馆相继建立；2005 年，广西创新性地将传统博物馆——广西民族博物馆与全区 10 个民族生态博物馆联结成"广西民族生态博物馆'1＋10'工程"的联合体，并开展了大规模的生态博物馆建设，之后，贺州客家生态博物馆（2007 年 4 月）、那坡黑衣壮生态博物馆（2008 年 9 月）、灵川长岗岭商道古村生态博物馆（2009 年 5 月）、东兴京族生态博物馆（2009 年 7 月）、融水安太苗族生态博物馆（2009 年 11 月）、龙胜龙脊壮族生态博物馆（2010 年 11 月）、金秀坳瑶生态博物馆（2011 年 5 月）相继建成开放，从而形成了广西民族生态博物馆群。

贵州和广西生态博物馆群的建设为我国文化生态保护区提供了大量宝贵经验。

# 第六节　文化生态保护区的中国实践

文化生态保护区是一种集文化价值观、文化主体认同、文化多样形式的存续、文化影响力、文化历史、文化创造与传承等多因素于一体，包括人文环境、自然环境的保护模式。① 在此方面，我国无疑走在了前列，形成了卓有成效的文化生态保护区建设经验和方案，向世界贡献了中国智慧。

2000 年 9 月 1 日，《云南省民族民间传统文化保护条例》正式颁布施行，第十八条明确提出，对符合"能够集中反映原生形态少数民族传统文化的；民居建筑民族风格特点突出并有一定规模的；民族生产生活习俗较有特色的、有代表性的少数民族聚居自然村寨，设立云南省民族传统文化保护区"。这是我国法律体系中首次提及"民族传统文化保护区"，其在建设思路上与现在的文化生态保护区虽然有着一定差距，但仍可视为我国"文化生态保护区"的雏形。

2003 年 1 月 1 日，《贵州省民族民间文化保护条例》颁布施行，第二十条规定：对"自然生态环境整体保存完好"且符合"居住相对集中，民族、语言相同；传统生产、生活方式相同或者相近；传统民居建筑风格以及民俗相同或者相近；传统文化艺术及手工工艺技术一脉相承"等条件的民族聚居区域，"可划定为民族文化生态保护区"。"文化生态保护区"概念正式进入中国法律体系。

2004 年 4 月 8 日，文化部、财政部联合下发《关于实施中国民族民间文化保护工程的通知》，并在附件《中国民族民间文化保护工程实施方案》中提出"在民族民间文化形态保存较完整并具有特殊价值、特色鲜明的民族聚集村落和特定区域，分级建立文化生态保护区"的要求，这也是我国在国家层面针对文化生态保护区第一次明确提出的建设要求。

2006 年，中共中央办公厅、国务院办公厅印发《国家"十一五"时期文化发展规划纲要》，首次提出建设"10 个国家级民族民间文化生态保护区"目标，具体要求为："以保护非物质文化遗产为核心，对历史文化积淀丰厚、存续状态良好，具有重要价值和鲜明特色的文化形态进行整体性

---

① 陈华文. 文化生态保护区的创新意义及价值 [N]. 中国文化报，2014—12—26.

保护，并经文化部批准设立的特定区域。"如果说 2006 年之前的法律法规和方案中的"文化生态保护区建设"还停留在制度设计层面，那 2006 年编制并实施的《国家"十一五"时期文化发展规划纲要》则标志着我国在国家级民族文化生态保护区建设上迈出了最关键的一步。

鉴于文化生态保护区没有现成的经验借鉴，仍处于实验阶段的客观现实，我国严谨地提出了分两步走的思路，《文化部关于加强国家级文化生态保护区建设的指导意见》明确指出："由于目前仍处于试验性阶段，因此各保护区暂定为文化生态保护实验区，待日后条件成熟时正式命名为文化生态保护区。"由此可见，我国对待国家级文化生态保护区的态度积极而又严谨。

2007 年 3 月，文化部在福建厦门召开"闽南文化生态保护工作研讨会"，标志着我国文化生态保护区开始步入实质性建设阶段，原国务委员陈至立在会上进一步阐释了文化生态保护区的含义："文化生态保护区是指在一个特定的自然和文化生态环境、区域中，有形的物质文化遗产如古建筑、历史街区与乡镇、传统民居及历史遗迹等和无形的非物质文化遗产如口头传统、传统表演艺术、民俗活动、礼仪、节庆、传统手工技艺等相依存，并与人们生活的自然和文化生态环境密切相关、和谐相处。在一定历史和地域条件下形成的文化空间，以及人们在长期发展中逐步形成的生产生活方式、风俗习惯和艺术表现形式，共同构成了丰富多彩和充满活力的文化生态环境。文化生态保护是文化遗产保护的重要内容。建立文化生态保护区是文化遗产保护工作的新尝试，对全面提高文化遗产保护水平很有意义。"[1]

2010 年，文化部出台了《关于加强国家级文化生态保护区建设的指导意见》，不仅提出国家级文化生态保护区建设的方针和原则、设立条件、设立程序、建设措施以及保护区的工作机制，还进一步强调建设国家级文

---

①黄小驹，陈至立. 加强文化生态保护提高文化遗产保护水平［N］. 中国文化报，2007—4—3.

化生态保护区的重要性："设立国家级文化生态保护区，以非物质文化遗产为核心加强文化生态保护，对于推动非物质文化遗产的整体性保护和传承发展，维护文化生态系统的平衡和完整；对于提高文化自觉，建设中华民族共有精神家园，增进民族团结，增强民族自信心和凝聚力；对于促进经济社会全面协调和可持续发展，具有重要的意义。"

2012年5月1日，《贵州省非物质文化遗产保护条例》正式实施，并用六个条款（第二十九条至三十四条）专门对"文化生态保护区"的申报、批准、建设规划、管理等内容进行了明确要求，这也是我国第一个以法律形式对省级文化生态保护区建设工作提出具体要求的条例，黔南水族文化生态保护区也因此成为贵州最早批准成立的省级文化生态保护区之一。

自2007年我国批准设立第一个国家级文化生态保护实验区——"闽南文化生态保护实验区"始，截至2020年12月共设立了24个国家级实验区。2019年3月1日，《国家级文化生态保护区管理办法》正式施行，对文化生态保护区建设的管理更加科学和规范，我国文化生态保护区建设开始步入快车道；2019年12月26日文化和旅游部官网发布的《关于公布国家级文化生态保护区名单的通知》中，闽南文化生态保护实验、徽州文化生态保护实验区、热贡文化生态保护实验区、羌族文化生态保护实验区、武陵山区（湘西）土家族苗族文化生态保护实验区、海洋渔文化（象山）生态保护实验区、齐鲁文化（潍坊）生态保护实验区等7家文化生态保护实验区正式批复成为第一批国家级文化生态保护区。至此，我国共设立国家级文化生态保护区7个、国家级文化生态保护实验区17个。2021年5月，文化和旅游部印发《"十四五"非物质文化遗产保护规划》，明确提出"开展国家级文化生态保护实验区设立工作，建设30个国家级文化生态保护区"的目标，同时要求"未设立省级文化生态保护区的省（区、市）加快工作进度，'十四五'期间基本实现全覆盖。"随着文化生态保护区建设在我国不断引向深入，以文化生态保护区为载体，全面推进的非物质文化遗产整体性保护理念和方式逐渐被社会认可，成为我国在非物质文化遗产保护领域的一大创举。

表 1-1　国家级文化生态保护区（实验区）

| 序号 | 名称 | 地区 | 保护实验区批复时间 | 总体规划批复时间 | 保护区批复时间 | 县级单位数 | 国家级非遗项目数 |
|---|---|---|---|---|---|---|---|
| 1 | 闽南文化生态保护区 | 福建省（泉州市、漳州市、厦门市） | 2007.6 | 2013.2 | 2019.12 | 29 | 58 |
| 2 | 徽州文化生态保护区 | 安徽市（黄山市、母溪县）、江西省（婺源县） | 2008.1 | 2011.3 | 2019.12 | 9 | 24 |
| 3 | 热贡文化生态保护区 | 青海省（黄南藏族自治州） | 2008.8 | 2011.1 | 2019.12 | 3 | 6 |
| 4 | 羌族文化生态保护区 | 四川省（阿坝藏族羌族自治州茂县、汶川县、理县、绵阳市北川羌族自治县、松潘县、黑水县、平武县） | 2008.10 | 2014.3 | 2019.12 | 7 | 31 |
| 5 | 武陵山区（湘西）土家族苗族文化生态保护区 | 湖南省（湘西土家族苗族自治州） | 2010.5 | 2014.3 | 2019.12 | 8 | 26 |
| 6 | 海洋渔文化（象山）生态保护区 | 浙江省（象山县） | 2010.6 | 2013.2 | 2019.12 | 1 | 6 |
| 7 | 齐鲁文化（潍坊）生态保护区 | 山东省（潍坊市） | 2010.11 | 2013.5 | 2019.12 | 12 | 14 |
| 8 | 羌族文化生态保护实验区 | 陕西省（宁强县、略阳县） | 2008.10 | 2014.3 | | 2 | |

续表

| 序号 | 名称 | 地区 | 保护实验区批复时间 | 总体规划批复时间 | 保护区批复时间 | 县级单位数 | 国家级非遗项目数 |
|---|---|---|---|---|---|---|---|
| 9 | 客家文化（梅州）生态保护实验区 | 广东省（梅州市） | 2010.5 | 2017.1 | | 8 | 6 |
| 10 | 晋中文化生态保护实验区 | 山西省（晋中市，太原市小店区、晋源区、清徐县、阳曲县，吕梁市交城县、文水县，汾阳市，孝义市） | 2010.6 | 2012.7 | | 19 | 32 |
| 11 | 迪庆民族文化生态保护实验区 | 云南省（迪庆藏族自治州） | 2010.11 | 2013.2 | | 3 | 8 |
| 12 | 大理文化生态保护实验区 | 云南省（大理白族自治州） | 2011.1 | 2017.5 | | 12 | 16 |
| 13 | 陕北文化生态保护实验区 | 陕西省（延安市、榆林市） | 2012.4 | 2017.5 | | 25 | 22 |
| 14 | 铜鼓文化（河池）生态保护实验区 | 广西壮族自治区（河池市） | 2012.12 | 2017.1 | | 11 | 9 |
| 15 | 黔东南民族文化生态保护实验区 | 贵州省（黔东南苗族侗族自治州） | 2012.12 | 2017.1 | | 16 | 72 |
| 16 | 客家文化（赣南）生态保护实验区 | 江西省（赣州市） | 2013.1 | 2017.1 | | 18 | 10 |
| 17 | 格萨尔文化（果洛）生态保护实验区 | 青海省（果洛藏族自治州） | 2014.8 | 2017.1 | | 6 | 4 |

续表

| 序号 | 名称 | 地区 | 保护实验区批复时间 | 总体规划批复时间 | 保护区批复时间 | 县级单位数 | 国家级非遗项目数 |
|---|---|---|---|---|---|---|---|
| 18 | 武陵山区（鄂西南）土家族苗族文化生态保护实验区 | 湖北省（恩施土家族苗族自治州，宜昌市长阳土家族自治县、五峰土家族自治县） | 2014.8 | 2018.4 | | 10 | 22 |
| 19 | 武陵山区（渝东南）土家族苗族文化生态保护实验区 | 重庆市（黔江区、石柱土家族自治县、彭水苗族土家族自治县、秀山土家族苗族自治县、酉阳土家族苗族自治县、武隆县） | 2014.8 | 2018.4 | | 6 | 11 |
| 20 | 客家文化（闽西）生态保护实验区 | 福建省（龙岩市长汀县、上杭县、武平县、连城县、永定区，三明市宁化县、清流县、明溪县） | 2017.1 | | | 8 | 8 |
| 21 | 说唱文化（宝丰）生态保护实验区 | 河南省（宝丰县） | 2017.1 | | | 1 | 3 |
| 22 | 藏族文化（玉树）生态保护实验区 | 青海省（玉树藏族自治州） | 2017.1 | | | 6 | 11 |
| 23 | 河洛文化生态保护实验区 | 河南省（洛阳市） | 2020.6 | | | 15 | 8 |
| 24 | 景德镇陶瓷文化生态保护实验区 | 江西省 | 2020.6 | | | 4 | 3 |

## 第七节 水族文化生态保护区申报历程

水族文化生态保护区的建设主体为当地人民政府，而具备国家级文化生态保护区申报和建设条件，且已开展相关工作的地区仅有黔南布依族苗族自治州人民政府，故本书便以黔南水族文化生态保护区为例。黔南水族文化生态保护区申报工作始于 2011 年，黔南州文化局曾组建专班负责相关申报工作，并至云南省迪庆藏族自治州学习"迪庆民族文化生态保护区"（2010 年 11 月经文化部批复设立为国家级文化生态保护实验区）申报经验，同年还多次至黔东南苗族侗族自治州考察学习（黔东南州于 2008 年启动申报国家级文化生态保护区工作，最初申报名称为"黔东南苗族侗族文化生态保护实验区"，2012 年 12 月经文化部批复设立时命名为"黔东南民族文化生态保护实验区"）。通过学习和考察，黔南州工作专班才开始明白何为文化生态保护实验区，基本理清文化生态保护实验区申报工作方向，并在模仿《迪庆民族文化生态保护实验区规划纲要》的基础上，草拟了《黔南水族文化生态保护实验区规划纲要》，也正是基于黔南水族文化生态保护实验区申报工作的有序开展，文化生态保护区相关概念开始在黔南文化系统内得以传播。

2012 年，经贵州省文化厅批复，黔南水族文化生态保护实验区列为贵州省第一批省级文化生态保护实验区。然而在实验区成功申报后，因州文化局与州广播局机构合并、主要领导调整等原因，导致水族文化生态保护实验区建设工作进入一段真空期，再次面临认知方面的问题，特别是在既未获得成功申报国家级文化生态保护实验区的"名"，亦未获得实质性省级文化生态保护实验区项目扶持资金的"利"之后，黔南水族文化生态保护区被简单视为一个争取资金失败的项目，再未得到重视，省级文化生态保护区建设工作和国家级文化生态保护实验区申报工作亦随之停滞。

2019 年，文化和旅游部办公厅下发了《关于国家级文化生态保护区申报工作的通知》，鉴于水族文化的丰富性、独特性和唯一性，贵州省文化和旅游厅决定推荐黔南水族文化生态保护实验区申报国家级文化生态保护实验区（按文旅部通知要求，每省限报一个）。根据文化和旅游部、贵州省文化和旅游厅关于申报工作的相关要求，黔南州文化广电和旅游局在时隔 7 年后再次启动黔南水族文化生态保护实验区申报工作，并多次到黔东南苗族侗族自治州考察学习"黔东南民族文化生态保护实验区"建设经验，重新草拟了《黔南水族文化生态保护实验区规划纲要》，规划范围涉及三都水族自治县全域，以及都匀市、荔波县和独山县三县市的水族聚居区，然而在最后提交申报材料环节，因参与捆绑申报的个别县市领导对文化生态保护实验区存在认知问题，特别是看到文化生态保护实验区中的"生态"二字时，第一时间便将其与生态红线画等号，认为文化生态保护实验区如果申报成功，在保护区域内的自然环境、国土资源等方面可能会出现另行划定新的生态红线的问题，将对地方未来城镇建设和招商引资等方面工作产生影响，故迟迟不肯出具同意申报的文件，由于文化生态保护区建设必须以地方人民政府为建设主体，黔南水族文化生态保护区申报工作因内部仍存在认知问题，从而导致当年申报工作搁浅。

习近平总书记指出："实现中华民族伟大复兴，就要重视中华优秀传统文化，继承和弘扬中华优秀传统文化，积极深入中华民族历久弥新的精神世界，把长期以来我们民族形成的积极向上向善的思想文化充分继承和弘扬起来。"水族是中华民族大家庭中不可缺少的一员，建立水族文化生态保护区是保护水族文化多样性和独特性的重要手段，是实现水族文化创造性转化和创新性发展的基础，水族文化生态保护区申报工作屡次受阻，虽然存在具体承办该项工作的工作人员未能向上级领导说通说透文化生态保护区建设重要性的问题，但究其根源，还是部分领导的眼睛里只有GDP，未能深刻理解"绿水青山就是金山银山"发展理念的科学内涵，未能真正把握"保护优秀传统文化就是守护好中华民族文化根脉"的精神实质和时代内涵。因此，我们必须深入学习习近平总书记关于弘扬中华优秀传统文化的重要论述，深刻领会"文化自信是更基本、更深沉、更持久的力量"，以高度的文化自信和文化自觉，从根子上彻底解决重经济轻文化、重申报轻保护、重开发缺规划、有规划不落实等现实问题，才能脚踏实地建设好水族文化生态保护区，才能真正保护好珍贵的水族非物质文化遗产。

# 第二章　水族文化资源调查

## 第一节　水族文化资源调查

### 1. 调查原则

早在 1997 年，文化部、国家民委、中国文联便联合开展了中国民族民间文艺集成志书的编纂及普查工作，全国数十万各民族文化工作者历时 30 年，对民间文学、民间音乐、民间舞蹈、曲艺、戏曲五个艺术门类进行深入调查。2009 年，被誉为"中国民间文艺的万里长城"的《中国民族民间十部文艺集成志书》（《中国民间歌曲集成》《中国戏曲音乐集成》《中国民族民间器乐曲集成》《中国曲艺音乐集成》《中国民族民间舞蹈集成》《中国戏曲志》《中国民间故事集成》《中国歌谣集成》《中国谚语集成》《中国曲艺志》）正式完成编纂和出版工作。

十套文艺集成普查为非物质文化遗产保护奠定了坚实基础，亦为文化生态区建设提供了宝贵的经验，而十套文艺集成普查过程中提出的"全面性、代表性、真实性"原则在水族文化生态资源调查中仍具有较强的指导意义。

### 1.1　全面性原则

"保护文化遗产不是对一个个'文化碎片'或'文化孤岛'的'圈

护'，而是对文化全局的关注；不仅要保护文化遗产自身及其有形的外观，还要保护它们所依赖和因应的结构性环境；不应把文化遗产凝固地定影在某个历史时空点上，而应重视它们自身的发展。"① 由此可见，文化遗产保护作为一个系统工程，其不仅涉及人与人、人与物，还涉及人与环境、人与经济、人与社会等诸多方面。

　　虽然十套文艺集成编纂和普查搜集了大量珍贵资料，但相较于水族丰富的文化遗产，依旧只是冰山一角、沧海一粟，要建立黔南水族文化生态保护区，对水族文化进行整体性保护，就必须在总结十套文艺集成普查成果的基础上，继续开展全面性普查。首先，我们应对水族聚居区实现全面普查，即对水族不同族群以及同一族群中不同支系传承的水族文化进行深入调查；其次，对于同一个水族族群甚至同一个水族血亲支系，可选取具有代表性的村落进行普查，但应兼顾较开放村落和较封闭村落、单姓村落和杂姓村落等不同区域的水族文化的表现形式和特点。当然，全面性普查并不仅仅体现为调查区域范围，还要体现在调查内容方面，例如在传承人谱系调查中，我们习惯将目光放在"师徒"这一脉络上，然而在水族地区，许多水族文化并没有明确意义上的师承关系，但是千百年来却能在族群内部自然生发、悄然传承，因此，对整个传承链条中关联人群的调查就显得尤为重要。

　　在现实中，全面性普查依旧是非物质文化遗产保护工作中的最大短板。由于认识不到位，重申报轻保护仍旧是当前面临的最大问题，这使得非物质文化遗产调查往往是在接到上级非物质文化遗产名录或代表性传承人申报通知时方才启动，由于很多县市的文化和旅游部门没有设立专门从事非物质文化遗产保护的机构，加之兼职人员流动较频繁、申报时间有限等原因，导致临时启动的申报工作往往是在没有普查成果支撑的情况下艰难开展，这也就使非物质文化遗产申报工作不可避免地面临以下两个方面

---

　　①刘魁立. 非物质文化遗产及其保护的整体性原则［J］. 广西师范学院学报（哲学社会科学版），2004（4）.

的问题：一是在多轮申报工作后，基层工作人员发现找不到独具特色的项目和优秀的代表性传承人进行申报，经常有"巧妇难为无米之炊"的无力感；二是申报的非物质文化遗产名录虽然完成了项目简介、所在区域和地理环境、分布区域、历史渊源、基本内容、相关制品及其作品、传承谱系、代表性传承人、主要特征、重要价值等规定栏目版块内容的填写，但因调查不全面、不深入、不扎实，许多表述似是而非、语焉不详，甚至直接从网上摘抄，从而导致申报书信息不完整、内容不丰富、特色不鲜明的问题极为突出，申报结果自然也是不言而喻。

文化生态保护区以非物质文化遗产为核心，因此坚持全面性原则，对水族非物质文化遗产进行深入调查，是建设水族文化生态保护实验区的基础。

## 1.2　代表性原则

水族是中华民族大家庭中不可缺少的一员，据第六次全国人口普查数据显示，全国水族人口 411847 人，贵州水族人口为 348746 人，黔南布依族苗族自治州水族人口为 269865 人，而国土面积仅为 2400 平方公里的三都水族自治县便聚居着 20.24 万水族儿女，这也就意味着对水族地区的村村寨寨进行全面调查，必然只能完成面上的、相对较粗的线索性素材搜集工作，如何顺着这些线索进一步深入挖掘，找出最具典型性和代表性的水族文化，就需要我们在认真总结十套文艺集成普查已有成果和梳理新近开展的全面性普查素材的基础上，有目的地选择水族文化资源蕴藏较为丰厚的乡镇、村落进行深度挖掘，对最具有代表性的非物质文化遗产名录、最具有代表性的非物质文化遗产传承人进行重点调查，才能在有限的时间内不断发现新线索，不断丰富和完善调查成果。比如在对水族古歌进行全面调查的过程中，我们肯定会搜集到大量不同区域、不同支系、不同版本，以及不同表现形式的水族古歌，这些古歌无疑都有着巨大的研究价值，因为古歌搜集得越全面，其蕴含的文化信息就越丰富，哪怕部分水族古歌在结构和内容上仅存在着细微的差别，对此，我们需要建立一个全面的水族古歌资源库，将这些宝贵财富应收尽收。但是在非物质文化遗产名录及代表性传承人申报和宣传展示过程中，我们又必然会面对这样一个现实，即不可能对所有的水族古歌都进行推介，因此，我们必须在已建成的水族古歌资源库的基础上，由专家挑选出在语言、情节、文化内涵和艺术表现上最具代表性的水族古歌进行申报和推介，挑选出最具表现力的水族古歌代表性传承人参与宣传展示。基于此目标，就需要我们在全面分析和总结水族古歌全面调查成果的基础上，对最具代表性的水族古歌进行深入挖掘，并通过与其他水族古歌的横向对比，找出其最典型的文化特征，找出其最出彩的表现形式，从而将水族古歌最优美最动人的一面展现于世人面前。换言之，如果说水族丰富的文化遗产是沉睡在大海深处的一颗颗珍珠，全面性普查便是将这些珍珠一颗颗重新捡拾起来，而代表性普查则是将最大最耀眼的珍珠挑选出来，并将其制作成为最璀璨的水族文化王冠。

在代表性调查过程中我们还应注意一个重要的问题，即一些具有较大影响的文化有可能不是水族"特产"，但这并不能作为否定其作为该区域代表性文化而放弃调查的依据，以水族山歌为例，都匀市归兰水族乡的水族群众因与周边汉族、布依族交往频繁，其山歌演唱形式受汉族、布依族影响较大，逐渐形成了有别于其他水族地区山歌的一个独特的山歌文化圈，就其形式而言，都匀市归兰水族乡的水族山歌的演唱调式与周边汉族和布依族山歌无异，甚至直接用汉语进行演唱，与三都水族自治县、荔波县、独山县等水族聚居区的水族山歌天差地别；但就其内容而言，都匀市归兰水族乡的水族山歌依旧与其他地区的水族山歌一脉相承，依旧是水族文化最重要的承载体之一。由此可见，都匀市归兰水族乡的水族山歌虽然非本民族"特产"，但其一直深受当地水族群众的喜爱，其不仅在水族文化中独树一帜，具有鲜明的代表性，而且还是水族与汉族、布依族、苗族等周边民族大交流、大团结、大融合的一个缩影，同样具有重要的研究价值。

## 1.3 真实性原则

真实性是田野调查的一个重要原则，因为只有真实记录，我们才可以真正了解文化的原貌，才能对文化进行正确研究，制定出科学的保护措施。如果调查人员缺乏田野调查实践训练，缺乏对水族文化基本的认知能力，就很难做到对调查内容真实性的有效鉴别。

首先，调查者必须做到对讲述内容的忠实记录，尤其是在对录音录像内容进行文字整理的时候，不能随意篡改讲述者的文本，以现代汉语表述方式为标准，随意调整水族讲述者表述方式，以自认为优美、流畅和时髦的文字对讲述者"粗糙""啰唆"的语言进行更改，甚至对自己认为不雅的，甚至封建迷信的情节进行删除或改写，这种现象在水族民俗和民间文学类文化调查中最易出现。究其原因，便是我们习惯以更高的姿态去俯视"落后"的水族传统农耕文化，忽视了水族语言体系的独特性，忽视了在那个生产力发展较为落后、生存条件极为艰苦的历史时期，祭山神、祭保寨树等看似封建迷信的形式，实际上凝聚了水族与自然和谐相处、共同发展的劳动智慧。

其次，对于用水族语言讲述的内容，应重视其发音特点及规律，尽量不要使用汉语拼音，或是与水语同音的汉字进行记录，应用国际音标进行完整记录（水族虽然有自己的文字——水书，但水书未具备书写记录功能），然后再逐字逐句翻译成汉语文本，特别是在民间文学搜集过程中，不要因为出现重复性或相似性内容而私自进行删减，更不能按照汉语言逻辑习惯对当地方言土语进行随便更改。与此同时，对部分水族语言中难以用汉语进行解释的内容，坚决不能臆造，比如在对水族医药进行调查时，水族民间传承人往往只能说出各种草药在水语中的称谓，而不能准确说出其在现代植物学中的名字，这就需要调查者严格按照传承人的表述清楚记录下该草药的水族称谓、形态、药用，然后再通过实物拍照的方式向医学专家进行咨询，才能通过注释的形式对该草药进行标注，以确保其科学性。

此外，对于极具才华的水族民间文化传承人和乡土能人，我们必须尊重其个性和创造性，不能因为其讲述内容与他人不同，就简单地认为其是胡编乱造，从而篡改甚至否定其讲述内容，我们须知每一种文化之所以能够在该地区长期流传，并不是一蹴而就的，而是通过不断自我调适、不断满足当地群众的需求来实现，就如同"滚雪球"一般，只有不断添加新的时代声音，才能获取持续发展的动力，在此过程中，这些才华横溢的民间传承人和乡土能人无疑起到了巨大的推动作用，因此每一辈讲述者讲述的内容都是属于那个时代的真实声音，我们应当予以尊重，应当忠实记录。

## 2. 素材收集

素材收集是文化生态研究中最耗费时间和精力的阶段，因此在收集资料阶段之初，我们必须清晰自己的调查目标和任务，即"为什么调查？""调查什么？""怎么调查？"然后在此基础上做好调查提纲设计，最后才进入调查目标群体的生活中，通过文献查阅、观察、访谈等方式对调查对象进行真实、准确的记录。

### 2.1　文献查阅法

就本文而言，"为什么调查"这个问题已经解决，即为水族文化生态保护区建设进行调查，那么第二步就需着手重点解决"调查什么"的问题，而在此过程中，文献查阅便是一项极为重要的工作。

对于黔南水族文化生态保护区建设而言，文献查阅第一步便是查阅三都水族自治县、都匀市、荔波县、独山县四县市的十套文艺集成普查成果，这些成果有的已经公开出版，有的内部出版，还有很大一部分因各种原因至今仍散落在单位或私人手中，如不及时进行收集归档，这些耗费前人大量时间和精力收集的第一手珍贵资料极有可能就此遗失，因此我们需要将这些资料重新进行收集归类、认真阅读，因为只有站在前人的肩膀上，我们才能站得更高看得更远。当然，除了十套文艺集成调查成果外，我们还应对与水族相关的工具书、图书、期刊论文、会议论文、学术论文、专利文献、科学报告等内容进行查阅，一方面了解国内外研究现状，统观全局，把握前沿；另一方面追本溯源，掌握动向，明确重点，梳理调查线索。

水族文献查阅方式有两种，一种为传统文献查阅，即到图书馆、档案馆、博物馆、文史馆等机构查找相关水族文献，这种方式最大的优势在于能对一些未公开出版的水族地方文献进行有效查阅，特别是档案馆收录存档的各级政府部门文件、方案、总结、地方标准、调研报告，以及乡镇每年门类繁多的数据统计信息等，表面上看似与水族文化生态保护区无关，但在进行有效收集和归类后往往会有意想不到的收获；另一种为网络文献查阅，即通过网络进行查询水族资料，如知网、维普网和贵州数字图书馆等，这种方式最大的优势在于方便快捷，且搜索功能强大，特别是在不知道相关文献名称的情况下，只需搜索"水族"，便可查阅到不同时间、不同期刊发表的与水族有关的论文、调研报告以及图书信息。

文献查阅可以在花费较少人力、经费和时间的情况下，实现对水族文化素材的高效收集，其不仅有利于调查提纲的设计，还有利于在实际调查过程中规避调查者与被调查者可能产生的种种反应性误差。

## 2.2 访谈法

### 2.2.1 结构化访谈

结构化访谈是按照提纲进行的一种标准化的封闭式访谈形式，这种访谈具有严格的顺序和内容要求，即所有对被访者提出的问题，问题提出的顺序和方式，以及对被访问者回答的记录方式等都完全统一。结构化访谈的优点主要体现为应用范围广，完成率高，且访问结果方便量化。

结构化访谈尤其适用于大规模开展的水族社会调查。

在调查过程中，因为已事先统一设计并制定了问卷，而忽视对调查员进行必要训练的情况屡见不鲜，这个现象应引起高度重视。在水族地区，调查的主力军由文化馆、文物管理所和乡镇文化站工作人员共同构成，由于这些人员多为兼职从事非物质文化遗产保护工作，且流动性大，往往缺乏扎实的专业知识，虽然调查问卷已实现标准化，但因个人专业素养不同，对调查问题的理解与处理方式难以实现标准化，从而导致调查结果极易出现偏差。因此在进行结构化访谈之前，应对相关调查人员进行相应训练，做好前期技术和知识准备很有必要。

### 2.2.2 非结构化访谈

非结构化访谈是一种开放式的访谈形式，相较于按照标准化调查提纲开展的结构化访谈，非结构化访谈仅需调查者自行设定一个大致的调查范围和调查方向，便可自由进入调查点与调查对象进行交流，从而获取各种有效信息。由于非结构化访谈弹性大、自由度高，有利于调查者和被调查者自由发挥，有利于在调查过程中获取更多未知信息，故应将其作为结构性访谈的重要补充形式。

非结构访谈根据需要可开展集体访谈或个别访谈。

集体访谈主要针对某一特定问题展开，通常采用座谈会方式。即调查者根据某一问题设定主题，然后邀请相关专家学者、代表性传承人及社会各界人士集中交流，然后对座谈会上收集到的信息进行分析、解释。近年来三都水族自治县开展了多期水书和水族马尾绣研讨会，便采用了此方式。

集体访谈虽然可以多次开展，但其会期时间毕竟有限，这就需要调查者在访谈之前除已确定的大主题外，还需要预先再设置一些子主题，便于在有限的时间内充分拓展访谈内容。此外，集中访谈虽然设置了大主题，但是由于被调查人员较多，且素质参差不齐，因此在自由访谈过程中往往会出现主题偏离现象，这就需要调查者有着非常丰富的访谈经验和技巧，在不影响访谈对象积极性的情况下，将主题逐渐引回正轨，以笔者曾经参加的一次水书传承人研讨会为例，当时座谈气氛热烈，传承人也很珍惜这次机会，其中一位年龄较大的水书传承人不自觉地便将水书研讨发挥成了自我成长经历叙述，由于时间原因，一位调查员主动上前进行提示，但因缺乏科学的方法，其举动被该传承人误认为缺乏尊重，导致情绪异常激动，从而致使整个座谈会被迫中断。

个别访谈是非结构访谈中最重要的访谈形式，这不仅需要调查者有着较高的专业素质，而且在开展调查前还须通过文献查阅等方式实现一定的知识积累，然后方能融入被调查对象的生产生活中，在看似随意的交流中完成调查工作。这种访谈方式灵活机动，一方面易于拉近与被调查者之间的距离，可将访谈引入更深层次；另一方面则使被调查者不易受他人干扰，容易收集到各种意想不到的隐秘信息，例如笔者在都匀市绕河村进行田野调查时，在一次偶然的交流中发现都匀绕河村绕家人关于老人过世后每个人均取有"阴名"的信息，这种"阴名"既不同于绕河村绕家人现有姓氏取名规律，亦不同于苗族父子联名，而且在以往的文献和相关研究中，以及笔者的前期调查中均未发现，具有较大的研究价值。因此在调查过程中，调查者不能刚进入田野就急于去实现调查目的，而应与被调查对象进行深入交流，融入其生活圈，尽力消除彼此之间的距离感和陌生感，在成功勾起被调查者谈话兴趣后，则应退居从属地位，除了必须进行的引导性插话外，不能对谈话内容作主观评价，尽可能避免对被调查者产生影响。

## 2.3 观察法

### 2.3.1 参与式观察

参与式观察源于"田野工作"，最早由林德曼提出，第一次应用于"特罗比恩岛的研究"中。

参与式观察强调现场体验，强调对事件直观而生动的感性认识，这就使得调查者与被调查者之间必须建立起良好的信任关系，而这种关系的建立需要调查者摒弃自己固有的思维模式，达到与被调查者同一频率，这样才能体会他们的感情和行为，才能洞悉他们的思想观念，也才会获得他们的认同，因为只有当被调查者将调查者视为其群体中的一分子，调查者才有可能被允许进入真实语境下的文化事项中，也才有可能在不干扰被观察现象的情况下，获取真实可靠的第一手资料。参与式观察一般是无结构的，不需要事先制定观察计划，只需如实记录观察到的现象，记录真实情境，即详细记录在什么时间、在什么地点、有哪些人、发生了什么事情、如何发生、为什么发生等问题，并借此让人们理解当地社会的结构以及社会文化中各种因素之间的功能关系，由此可见，参与式观察是以局内人而非局外人的视角来观察整个事件的发生及其发展，观察被调查对象乃至其族群与事件的关系，比如在 2015 年的卯节期间，笔者受荔波县水利大赛歌师吴国利邀请，至其家中过卯节，并全程参与了节日物品采买、家祭和寨祭筹备、水歌大赛服务等活动，从而对卯节的节日机制有了更深刻的认识。

参与式观察是一个从随机、杂乱、丰富到逐渐清楚明晰的过程，但其缺点亦很明显：首先是观察耗时较长，成本较高，不适用于人数众多的调查者参与开展的调查研究；其次是观察带有偶然性，且受调查者主观因素影响或被调查者情感干扰，极易导致调查者将目光简单地聚焦于事物的表面现象，而忽视其深层次内涵；此外，由于观察多聚焦于"点"，往往会导致"面"上资料的缺失，如要保证研究的科学性，还必须与一些"面"上的研究相结合，才能达到"点面结合，面面俱到"的要求。

### 2.3.2　非参与式观察

非参与式观察是指调查者置身于被观察活动或群体之外，以局外人的身份对被调查者的活动和表现进行观察。与参与式观察相比，两者的最大差异在于调查者参与与否，在融入情境的深度、广度上有所差异。

非参与式观察虽然可能身处场景中，但不参与活动，具有"跳出场域"的特点，这使得调查者在一定程度上保持着与观察活动或群体的"观察距离"和"心理距离"，由于淡化了先入的感情色彩和后入的心理认同，调查者可以保持较强的客观性和独立性，不易被调查者情感干扰，从而摒除"当局者迷"的不理智行为，如笔者曾跟随三都水族自治县九阡镇水书传承人韦克金作了近三个月的跟踪调查，在长期的接触过程中，韦克金与笔者间的隔阂逐渐消除，允许笔者旁观其主持的各种驱鬼法事，甚至还会主动与事主进行解释和沟通，消除事主对外族人参与其中的顾虑，从而实现笔者深度观察的目的。

当然，非参与式观察的缺点也很明显，由于观察仅停留于旁观层面，难以深入了解被调查者的思想和行为，因此很难获取一些相对隐蔽、私密的研究资料。因此，其适用于不需要深入挖掘，文化现象和观察群体不复杂的调查任务。

## 3. 数据统计

通过调查，调查者会收集到大量的材料和数据，这些素材是开展水族文化生态保护区建设的基础，但仅仅获取大量素材是不够的，我们还需要对其进行整理、分类、诠释、分析，让人们更加直观地掌握水族地区群众的真实生活，了解水族文化传承发展的真实状态，从而制定出更加科学的保护计划和措施。

### 3.1 素材归纳

对于已收集的素材，我们可以根据其性质、特征，按照一定的指标进行归类，这个指标既可以是时间维度上的变化，亦可以是空间维度上的变化，只要是能满足数据分析需要的指标均可自行设定。

通过对素材进行分组，我们手中的数据便可在一个大主题下细划为若干个大版块，每个大版块又可以细分成若干子版块，而这些子版块仍旧可根据统计需求划分出更细的条目，这样就形成了一个主线清晰、层次鲜明的树状数据图。当然，数据不可能都是孤立存在的，相互之间还会发生很多交集，因此，能否科学地建立一个或若干个水族文化生态树状数据图，我们需要考量的内容就不仅仅是对有效数据实现全覆盖，还需要进一步确认树状数据图的每一个层次的合理性和全面性是否得到保障，进一步确认每一个树状条目间所呈现出的相互区别，抑或相互交错的关系是否得到明确标注。素材越丰富、数据量越大，对层次结构和线性分析的要求就越高。

当然，树状数据图并不是进行素材归纳的唯一途径，如果搜集到的素材呈现出较松散的状态，没有必要构建较为复杂的树状数据统计图时，调查者可根据实际情况进行调整，可以通过点—线—面的分析方式，深入挖掘共性，分析差异，再通过横向或纵向对比，从松散的数据中梳理出有效数据链，从而实现数据的分类和归纳。

对水族文化素材进行归纳的方式有很多，只要能准确、清晰地梳理并呈现出水族文化生态的真实现状的归纳方式都是值得调查者使用的好方法。

### 3.2　数据分析

树状数据图的建立是为了更好地对素材进行分类归纳，使其脉络清晰，而在此基础上进行进一步的数据分析，将有助于直观展现水族文化生态在建设过程中存在的问题，比如非物质文化遗产传承人区域分布调查、非物质文化遗产传承人培训满意度测评等，这些普查搜集到的资料均可用数字型数据直观体现，如果全部停留于纯文字描述，并不利于阅读理解，如果采用表格、饼图、折线、数据柱等来显示数据的大小关系、趋势变化、占比关系和相关性，则可以在对比中让读者快速获取比率、增速、效率、效益等具有说服力的数据指标，从而为相关部门提供科学决策依据。

# 第二节　水族非物质文化遗产名录体系

## 1. 非物质文化遗产名录申报

2005 年，文化部启动第一批国家级非物质文化遗产名录申报工作，黔南州也随之拉开了非物质文化遗产名录申报和保护工作的帷幕。鉴于在申报之初，非物质文化遗产还是一个新兴概念，各县市文化部门对此项工作的重要性明显认识不足，导致申报的积极性和主动性不高，唯独三都水族自治县人民政府高度重视，建立了国家级非物质文化遗产名录申报工作专班。2006 年，国务院公布了第一批国家级非物质文化遗产名录，黔南州共有 4 个项目入选，其中三都水族自治县申报的水书习俗、水族端节、水族马尾绣 3 个项目均榜上有名，成为名副其实的大赢家，而这一成绩的取得，很大程度上要归功于贵州民族学院潘朝霖教授，作为一名土生土长的水族学者，潘朝霖教授一生专注于宣传和推介水族文化，当其知晓国家级非物质文化遗产名录申报工作启动之时，便敏锐地意识到这是一个传承和保护水族优秀传统文化的重大机遇，于是多次自费返回三都水族自治县，动用自己的私人关系到处游说，并最终打动了三都水族自治县的许多领导，让三都水族自治县牢牢抓住了这次申报机遇，其本人亦带领自己的学术团队全程参与了名录申报，为水书习俗、水族端节、水族马尾绣成功入选第一批国家级非物质文化遗产名录做出了巨大贡献。

凭借水书习俗等国家级非物质文化遗产名录成功申报积累下的经验，三都水族自治县在省级非物质文化遗产名录的申报中也是一马当先，共有 26 个项目成功入选贵州省省级非物质文化遗产名录，三都水族自治县一举成为黔南州乃至贵州省名副其实的非物质文化遗产大县。对于一个国家级贫困县而言，每年获得近百万国家级、省级非物质文化遗产专项保护资金，对传承和保护水族非物质文化遗产的作用无疑是巨大的。非物质文化遗产名录申报让三都水族自治县尝到了甜头，各级领导对其予以前所未有的关注，但是随着非物质文化遗产申报工作逐渐步入正轨，申报面临的困难也开始显现，主要体现在以下两个方面：

一是非物质文化遗产名录申报竞争激烈。随着非物质文化遗产影响力日渐提升，纳入国家级和省级非物质文化遗产名录的总量已然成为衡量各地非物质文化遗产工作成效最重要的指标，但是在经历五个批次的国家级和省级非物质文化遗产名录申报工作之后，列入保护体系的非物质文化遗产总量已经非常庞大，由此导致每一轮的名录申报之争都格外激烈，特别是国家级非物质文化遗产名录开始实行网上申报后，申报工作变得更加艰难，尤其是对每个栏目填报字数的要求大大压缩了表述空间，如"项目简介"限报 800 个字，"基本内容"限报 200 个字，等等，哪怕仅存在超 1 个字符的问题，系统均不予提交，这使得利用有限的文字对内容丰富的项目进行精准描述和归纳就变得更加困难，可谓字字珠玑。为提升名录申报的成功率，往往需要投入大量人力和财力对申报文本和申报影像进行反复打磨，但即便如此，名录申报的成功率依旧非常低，这也导致经济欠发达的县市政府在前期投入问题上变得非常犹豫，于是经常会听到这样的声音："经费不是问题，关键是钱花了，这个名录能不能保证成功申报省级（国家级）？"随着问题的抛出，工作的压力不但没有变成动力，相反连最初的积极性都被消磨殆尽，结果自然不言而喻。三都水族自治县在 2006 年有 3个项目成功入选国家级非物质文化遗产名录后，直至 2021 年才新增 1 个国家级非物质文化遗产名录，而这还要归功于州文化广电和旅游局调研员覃志雄。因脱贫攻坚工作需要，覃志雄调研员经黔南州委组织部安排至三都水族自治县任县文化广电和旅游局长，其在未接到国家级非物质文化遗产名录申报通知的情况下，便通过内部筛选，确定将省级非物质文化遗产名录——旭早，作为申报国家级非物质文化遗产名录的首选项目，并整合 15

万元作为专项工作经费，除了组建由本县非物质文化遗产工作者和本土专家共同构成的工作专班外，还特别邀请省内外民俗学专家和贵州省电视台共同参与申报文本撰写和申报影像的制作，由于提前谋划、准备充分，三都水族自治县时隔14年后，终于再有项目入选国家级非物质文化遗产名录，也成为当年黔南唯一入选国家级非物质文化遗产名录的项目。

二是非物质文化遗产名录申报时间不确定。尽管《中华人民共和国非物质文化遗产法》第十八条指出：国务院建立国家级非物质文化遗产代表性项目名录；省、自治区、直辖市人民政府建立地方非物质文化遗产代表性项目名录。《贵州省非物质文化遗产保护条例》第十四条指出：县级以上人民政府应当建立本级非物质文化遗产代表性项目名录。但是由于上述法律法规均未明确非物质文化遗产名录评审时间，因此贵州省一直延续2005年申报第一批国家级非物质文化遗产名录的工作流程，即在接到国家级非物质文化遗产名录申报工作通知后，才在申报截止时间前启动省级非物质文化遗产名录评审工作，黔南州则又在贵州省级评审工作截止时间前启动州级非物质文化遗产评审工作，而各县市则必须抢在州级评审工作结束前完成县级非物质文化遗产名录的评审工作，因名录评审、名录公示、名录公布，以及名录上报参加上一级名录评审等工作均需按规定流程执行，留给工作人员撰写项目申报文本和制作申报影像的时间就显得捉襟见肘。笔者曾亲身体验了国家级非物质文化遗产名录申报的紧迫：2013年9月，第四批国家级非物质文化遗产名录申报工作突然启动，由于时间紧迫，黔南已来不及启动州、县两级名录评审工作，只能从省级非物质文化遗产名录中筛选项目申报，州文化广电和新闻出版局为提高名录的申报成功率，决定将涉及三都水族自治县、都匀市、荔波县、独山县四县市的省级非物质文化遗产名录——水族剪纸进行捆绑申报，并安排笔者负责具体申报工作，从接到任务到完成申报，只有短短20天，由于没有前期调查成果，笔者只能一头扎进图书馆、档案馆，到处搜集资料，主动向专家和传承人咨询水族剪纸技艺及文化特点，重新按照申报体例撰写申报文本；由于没有经费，笔者只能厚着脸皮拉着爱好摄影的朋友每天游走于田间地头，精心摄录与水族剪纸有关的镜头。由于申报文本和申报影像一直处于边草拟边修改的状态，导致每天均须加班至凌晨1—2点钟，才终于在半个多月的时间内完成基础调查、申报文本撰写、申报影像片制作、申报文件草拟及报送等系列工作。由此可见，依托现有省级非物质文化遗产名录开展国家级非物质文化遗产名录申报尚且如此紧迫、如此艰难，直接从县级项目一步登天进入国家级非物质文化遗产名录无疑是天方夜谭。

非物质文化遗产名录申报是一项系统的工作，上一级项目必须从下一级项目中产生，不得越级申报，而且申报结果须由地方人民政府公布，因此，水族非物质文化遗产的名录申报应提前谋划，不能坐等上一级名录评审启动才仓促应对，而是要在坚持长期调查研究的基础上，主动作为，不断丰富和完善州、县两级非物质文化遗产资源库，唯有如此才能使整个申报工作步入良性发展轨道。

## 2. 非物质文化遗产四级保护体系

非物质文化遗产名录申报只是起点，其目的是为了更好地进行保护和传承。国务院《关于加强文化遗产保护的通知》就明确规定："进一步完善评审标准，严格评审工作，逐步建立国家和省、市、县非物质文化遗产名录体系。"因此，对于水族非物质文化遗产项目，我们习惯按国家级、省级、州级、县市级进行区分，级别不仅是社会大众对其价值和重要性的判断指标，同时也成为衡量当地非物质文化遗产保护工作成效的重要依据。

自2005年始，三都水族自治县、都匀市、荔波县、独山县相继启动非物质文化遗产普查及代表作名录申报，随着国家级、省级、州级、县级非物质文化遗产名录陆续申报成功，四级保护体系日趋成熟。为了加大对非物质文化遗产的保护力度，黔南州还先后颁布实施了《黔南州民族民间文化传承与发展行动方案》《黔南州民族特色村寨保护与传承行动方案》《黔南州水书文化保护条例》……助推水族非物质文化遗产四级保护体系建设。目前，黔南州共有国家级水族非物质文化遗产名录 5 项、省级水族非物质文化遗产名录 26 项、州级水族非物质文化遗产名录 28 项、县市级水族非物质文化遗产名录 56 项，为水族文化生态保护区建设提供了坚实的基础。

分级保护体系更容易明确非物质文化遗产的级别以及责任保护主体。根据分级原则，不同级别的非物质文化遗产名录可申请对应级别的专项保护资金，即国家级非物质文化遗产名录每年可向文化和旅游部提出中央专项保护资金申请，省级非物质文化遗产名录每年可向贵州省文化和旅游厅提出省级专项保护资金申请，虽然申请并不一定能够获批，但毕竟提供了一个可以努力的方向和渠道，特别是基于黔南经济欠发达，至今州县两级均未设立专项非物质文化遗产保护资金的现实，中央和省级专项保护资金已成为开展水族非物质文化遗产保护的重要倚仗。

### 3. 非物质文化遗产分类保护体系

除了分级建立的非物质文化遗产名录四级保护体系，在实际保护过程中，针对性更强的分类保护体系的应用更为广泛。

非物质文化遗产如何分类？《中华人民共和国非物质文化遗产法》第二条明确规定："非物质文化遗产包括：传统口头文学以及作为其载体的语言；传统美术、书法、音乐、舞蹈、戏剧、曲艺和杂技；传统技艺、医药和历法；传统礼仪、节庆等民俗；传统体育和游艺；其他非物质文化遗产。"为便于申报，文化和旅游部制作的《国家级非物质文化遗产名录项目申报书》将项目进一步分为"民间文学、传统音乐、传统舞蹈、传统戏剧、曲艺、传统体育游艺与杂技、传统美术、传统技艺、传统医药、民俗"十类，各项目亦是按此类别逐级申报。

由于类别不同，非物质文化遗产在传承中面临的实际困难也各有不同，其对应的保护措施也不尽相同，以水族古歌为代表的民间文学类项目为例，其主要在各种重大场合中诵唱，音律虽然较为单调，但文化内涵却极为丰富，完整地展现了水族特有的世界观、价值观和审美观，是水族文化传承的重要载体，其传承者多为村寨中德高望重的老人，但是随着社会的飞速发展，年轻人已不愿意学习"老传统"，纷纷选择外出务工，即便学习也是浅尝辄止，水族古歌已然面临人亡艺绝的危机，因此针对此类项目，应加大抢救性收集整理和研究出版工作力度，尤其应将针对传承人开展影像数据采集工作列为项目保护的重中之重。再如以水族马尾绣为代表的传统美术类项目，已不仅仅是一种美化生活的手工技艺，更寄托了水族人民对美好生活的不懈追求，是水族人民千百年生产生活的智慧结晶，其传统制品更是在水族山乡拥有巨大的销售市场，随着市场经济的发展，偏居一隅的水族山乡也受到了现代制图、电脑印刷、机器纺织等现代科技的强势冲击，水族马尾绣的市场空间不断压缩，但我们应看到其传承千百年的文化内涵和审美意蕴仍深刻地影响着每一个水族群众，因此针对此类项目，一方面应加大传统刺绣纹样的搜集整理力度，在建立传统纹样数据资源库的同时，深入挖掘每一个纹样符号背后的故事，丰富其文化内涵；另一方面则需在强化传承人传统技艺水平的基础上，不断提升其现代设计能力和理念，将传统与现代相融合，实现创新性发展。

对于非物质文化遗产保护，近年来一直有"是否原汁原味"的争论，笔者认为，这种争论完全停留在了学术圈上，没有真正沉下身来，问一问传承人是否认可？是否同意？是否满意？非物质文化遗产与文物的最大区别便在于其至今仍在活态传承，承载着整个族群的世界观、价值观和审美观，是中华传统文化不可分割的重要组成部分，但是我们又不得不正视一个问题，即这些非物质文化遗产大多根植于农耕文明，在已进入新时代的今天，其传承土壤日渐萎缩，如果不能与时俱进，其必然面临人亡艺绝的窘境。2021年2月3日，习近平总书记来到了毕节市黔西县新仁苗族乡化屋村，望着一件件精美的苗绣服饰和特色小饰品，他语重心长地说道：

"把苗绣发扬光大，传统的也是时尚的。它既是文化又是产业，它既能够弘扬民族文化、传统文化，又能用产业来扶贫，用产业来振兴乡村，可以做出贡献。"因此，对于非物质文化遗产的保护，我们应以习近平总书记的要求为指引，盯紧水族非物质文化遗产的创造性转化和创新性发展，让水族非物质文化遗产回归生活，重新焕发出蓬勃生机与旺盛活力。

## 第三节　水族非物质文化遗产传承人保护机制

水族文化生态保护区的核心是水族非物质文化遗产，而水族非物质文化遗产的核心则是传承人。《保护非物质文化遗产公约》明确指出："缔约国在开展保护非物质文化遗产活动时，应努力确保创造、延续和传承这种遗产的社区、群体，有时是个人的最大限度的参与，并吸收他们积极地参与有关的管理。"因此，认定和培育传承人，并吸引其参与管理，是实现水族非物质文化遗产活态传承的重要手段。

### 1. 代表性传承人认定

根据国务院《关于加强文化遗产保护的通知》规定，我国非物质文化遗产名录与代表性传承人均实行四级认定机制，即按县、市（州）、省、国家四个层级逐级申报。传承人申报要晚于名录申报，因为需先评定出非物质文化遗产名录，才能针对该名录评定出项目代表性传承人，如2006年5月，我国公布第一批国家级非物质文化遗产名录；2007年6月，我国公布第一批国家级非物质文化遗产代表性传承人。另结合《中华人民共和国非物质文化遗产法》第二十三条"国务院文化主管部门应当将拟列入国家级非物质文化遗产代表性项目名录的项目予以公示，征求公众意见。公示时间不得少于二十日。"《国家级非物质文化遗产代表性传承人认定与管理办法》第十三条"文化和旅游部对评审委员会提出的国家级非物质文化遗产代表性传承人推荐人选向社会公示，公示期为二十日"之规定，非物质文化遗产名录和该项目代表性传承人原则上可在同一年开展评审，以水族马尾绣首次申报县级非物质文化遗产名录为例，三都水族自治县文化和旅游局必须在项目评审结束，并由三都水族自治县人民政府将水族马尾绣公布为县级非物质文化遗产名录后，才能启动第一批水族马尾绣县级代表性传承人认定工作，然而在实际操作中，部分县市同时启动县级非物质文化遗产项目申报和该项目代表性传承人认定的行为明显与相关法律法规相悖，亟须引起重视。

非物质文化遗产代表性传承人认定对非物质文化遗产名录保护影响重大，然而由于传承人多居于乡野，他们虽然技艺精湛，但是获取信息的渠道相对滞后，往往对非物质文化遗产名录申报和代表性传承人认定的流程、要求和时间不清楚不了解，加之县市从事非物质文化遗产保护的工作人员多为兼职人员，而且人员流动性较大，基本处于疲于应对日常工作的状态，很难深入基层开展调查，从而导致许多优秀的传承人未能及时被纳入保护体系。因此，在代表性传承人认定工作中，我们需做好以下几个方面的工作：

一是制定代表性传承人认定细则。黔南州虽然于2014年下发了《黔南州非物质文化遗产代表性传承人管理办法》，但对代表性传承人认定的具体条件未进一步明确，一直参照《国家级非物质文化遗产代表性传承人认定与管理办法》执行，即"长期从事该项非物质文化遗产传承实践，熟练掌握其传承的国家级非物质文化遗产代表性项目知识和核心技艺；在特定领域内具有代表性，并在一定区域内具有较大影响；在该项非物质文化遗产的传承中具有重要作用，积极开展传承活动，培养后继人才；爱国敬业，遵纪守法，德艺双馨的传承人"可申请或被推荐为代表性传承人。但在具体操作过程中，因大量认定条件未予以明确，导致县市从事非物质文化遗产保护工作的相关人员难以准确解读和把握，如是否只有本民族传承人才能申请作为该民族项目代表性传承人？传承谱系如何计算？相较于可以参赛、获奖作为指标进行评判的传统技艺类传承人，无任何"业绩"的民间文学类传承人如何择优推荐？等等，这些问题虽然每次评审均会出现，但一直未能解决，只能由评审专家凭借其专业经验判断决定，由于每个评审专家对评审指标的解读存在差异，在较模糊问题的判断上必然尺度不一，由此对整个评审的权威性必然会造成影响。因此，应对评审期间出现的问题进行收集和研究，尽早制定《黔南州非物质文化遗产传承人认定和管理细则》，制定解决争议问题的具体措施，如 2020 年 11 月 10 日实施的《广州市市级非物质文化遗产代表性传承人认定与管理办法》，就明确传承谱系计算方式为"自本人上溯不得少于三代"，明确"同一非物质文化遗产代表性项目在同一家族中已经具有市级（不含国家级、省级）代表性传承人且具有传承能力的，原则上不再从该家族中认定新的市级代表性传承人"……对黔南非物质文化遗产代表性传承人认定和管理工作具有借鉴意义。

二是加大宣传力度。应广泛向群众宣传《中华人民共和国非物质文化遗产法》《贵州省非物质文化遗产保护条例》等法律法规，甚至可以借助旭旱、山歌、花灯等传统艺术形式，将代表性传承人评审条件及要求编排进节目中，通过水族群众喜闻乐见的形式在水族山乡巡演，使之入心入脑。

三是加大信息公示（公告）力度。2012 年 5 月 1 日正式实施的《贵州省非物质文化遗产保护条例》规定："非物质文化遗产代表性项目的代表性传承人名单经县级以上人民政府文化主管部门认定后公布。"2020 年 3 月 1 日正式实施的《国家级非物质文化遗产代表性传承人认定与管理办法》则进一步明确规定："文化和旅游部对评审委员会提出的国家级非物质文化遗产代表性传承人推荐人选向社会公示。"在以往代表性传承人申报过程中，文化主管部门往往只是自上而下地传达评审通知，一般不在基层社区进行公告，只待评审结束后方在政府官网上进行公示，这使得许多居于乡间的传承人根本不可能在第一时间了解评审信息，更不可能推荐更优秀的传承人。县市级代表性传承人作为四级传承人体系中最基础的一环，在开展评审认定工作之时更应体现公平公正公开的精神，因此不论是评审通知还是评审结果，除应通过电视、报纸、网络等多种形式进行公示（公告）外，还应将公示（公告）下沉至乡镇，甚至下沉到传承人生活的村落和社区，唯有如此，才能让技艺精湛的传承人主动参与到申报工作中来，才能挑选出群众认可的代表性传承人。

## 2. 代表性传承人保护

我国非物质文化遗产资源丰富，因此对传承人的保护只能依托四级保护体系开展，即通过优中选优的方式，从传承人群中选拔出最具代表性的传承人，引领广大的传承人共同发展。针对代表性传承人的保护，《中华人民共和国非物质文化遗产法》第三十条明确规定："县级以上人民政府文化主管部门根据需要，采取下列措施，支持非物质文化遗产代表性项目的代表性传承人开展传承、传播活动：（一）提供必要的传承场所；（二）提供必要的经费资助其开展授徒、传艺、交流等活动；（三）支持其参与社会公益性活动；（四）支持其开展传承、传播活动的其他措施。"即构建有利于传承人自身生活状况、技艺传承和文化传播的三位一体保护机制，推动非物质文化遗产的活态传承。

一是经济扶持。水族主要聚居于云贵高原苗岭山脉以南珠江水系的都柳江和龙江上游分水岭一带，由于地理位置偏远，交通相对闭塞，经济发展相对滞后，使得在现代市场经济的强势冲击下，许多水族非物质文化遗产传承人面临严峻的生存危机，传承链条断裂，甚至面临人亡艺绝的危机。为改善传承人生活和从艺条件，自 2009 年始，文化部对国家级非物质文化遗产代表性传承人给予每人每年补贴 8000 元；2011 年，将补贴增加到每人每年 1 万元；2016 年，再次将补贴增加到每人每年 2 万元。贵州省于 2010 年对省级非物质文化遗产代表性传承人每年补贴 3000 元，后增加至每人每年 5000 元。2014 年，黔南州印发《黔南州非物质文化遗产代表性传承人管理办法》，首次明确规定"州级代表性传承人每年补助经费1000 元，县级代表性传承人补助经费由县（市）自行安排。"目前，黔南现有水族非物质文化遗产国家级代表性传承人 3 人、省级代表性传承人 12人、州级代表性传承人 32 人、县级代表性传承人 403 人，除县级代表性传承人未获得经济扶持外，国家级、省级和州级代表性传承人每年均可获得政府提供的一定经济补助，帮助其开展非物质文化遗产保护和传承活动。

二是技能培训。随着非物质文化遗产影响力不断提高，黔南各级政府开展了形式多样的培训活动，主要可分为四种：（一）民族文化进中小学课堂，即在中小学开设民族特色班或兴趣班，充分利用民族文化丰富学生的课外生活，如都匀市阳河小学开设了水书兴趣班、都匀市奉合小学开设了水族剪纸课、三都水族自治县鹏程中学还专门编排铜鼓操作为课间操，等等；（二）地方高校课程教育，即将民族文化课程纳入高校及职校民族文化课程体系，如贵州经贸职业技术学院根据市场需求，结合国家级非物质文化遗产都匀毛尖茶的资源优势和影响力，专门建立了都匀毛尖茶学院，并开设了茶艺与茶叶营销、茶树栽培与茶叶加工两个专业；黔南民族师范学院美术学院将国家级非物质文化遗产平塘牙舟陶制作技艺引入课堂教学，逐步形成了一套成熟的牙舟陶教学体系，并建立了贵州省普通高等学校牙舟陶特色重点实验室、牙舟陶艺创新平台、牙舟陶艺产品开发与孵化基地等高水平教学科研基地；（三）高校研培计划。自 2015 年文化部启动"中国非物质文化遗产传承人群研修研习培训计划"以来，黔南两所职业院校获得"贵州省非物质文化遗产传承人群研修研习培训计划"培训资质，其中黔南民族职业技术学院围绕"都匀毛尖茶"开展研学培训，贵州盛华职业技术学院以"惠水枫香染"为核心，开展多种类型的传统技艺研学培训，截至 2020 年 10 月，两所院校共开办培训班 28 期，培训学员达1400 人。由于培训成效显著，黔南民族职业技术学院每年培训名额均供不应求，吸引了黔南州内外的大量茶企茶农报名，为扩大影响，该校决定

2021年首次针对省外学员招生；（四）基层培训。即由各级政府组织，聘请代表性传承人及专家学者开展专项培训，如在脱贫攻坚期间，黔南每年针对水族马尾绣、水书、水族剪纸等项目开展的专项培训达千余次，就近培训当地群众数万人次。组织者还根据现实发展需要，在课程中加入了法律法规、市场营销、网络应用等新知识，拓宽了传承人的眼界，由于此类培训受众群体综合素质相对较低，培训目的以提升传统技艺和拓宽思维为主。

三是政府表彰。各级政府应定期开展各种活动，并对涌现出来的优秀传承人进行表彰，对传承人做出的贡献给予肯定，因为只有传承人的知名度和美誉度不断提升，其社会地位才会随之提高，其个人价值也才会随之陡增。社会效益和经济效益的结合，是激励传承人更好地传承非物质文化遗产的关键，以国家级非物质文化遗产水族马尾绣代表性传承人宋水仙为例，其原本只是居于乡间一隅的普通农村妇女，平日里就依靠制作和售卖水族马尾绣背带和相关制品为生，自我国启动非物质文化遗产保护工作以来，宋水仙凭借着精湛的技艺被评选为"贵州省非物质文化遗产代表性传承人"，开始受到社会各界的广泛关注。宋水仙不忘初心、感恩奋进，积极探索传统与现代相结合的市场新路，在县城建立首个家庭博物馆，开办水仙马尾绣有限公司，带领绣娘脱贫致富，成为水族马尾绣传承发展的引路人，正是鉴于其做出的突出贡献，宋水仙于2013年被认定为"国家级非物质文化遗产代表性传承人"，于2018年当选"第十三届全国人大代表"，于2019年享受"国务院特殊津贴"，于2020年入选"全国非遗年度人物"……这些荣誉的获得，使宋水仙成为保护和传承水族马尾绣的一面旗帜，不仅体现了党和国家对水族文化的高度重视，同时也大大激发了广大水族群众自觉参与保护和传承水族文化的积极性和主动性。

### 3. 代表性传承人退出机制

代表性传承人保护中的一个重要环节是选拔优秀传承人，让优秀传承人成为传承人群的领头羊，然而由于名额有限，只进不退的代表性传承人评审机制必然难以适应社会发展的需求，因此建立科学的代表性传承人退出机制就显得尤为重要。

《中华人民共和国非物质文化遗产法》第三十一条明确规定："非物质文化遗产代表性项目的代表性传承人无正当理由不履行前述规定义务的，文化主管部门可以取消其代表性传承人资格，重新认定该项目的代表性传承人；丧失传承能力的，文化主管部门可以重新认定该项目的代表性传承人。"《国家级非物质文化遗产代表性传承人认定和管理办法》第二十二条对国家级代表性传承人退出机制进一步完善："有下列情形之一的，经省级文化和旅游主管部门核实后，文化和旅游部取消国家级非物质文化遗产代表性传承人资格，并予以公布：（一）丧失中华人民共和国国籍的；（二）采取弄虚作假等不正当手段取得资格的；（三）无正当理由不履行义务，累计两次评估不合格的；（四）违反法律法规或者违背社会公德，造成重大不良社会影响的；（五）自愿放弃或者其他应当取消国家级非物质文化遗产代表性传承人资格的情形。"由此可见，传承人退出机制在非物质文化遗产法制定之初便已纳入管理体系。

代表性传承人如何退出？《国家级非物质文化遗产代表性传承人认定和管理办法》第十九条规定："省级文化和旅游主管部门应当根据实际情况，列明国家级非物质文化遗产代表性传承人义务，明确传习计划和具体目标任务，报文化和旅游部备案。国家级非物质文化遗产代表性传承人应当每年向省级文化和旅游主管部门提交传承情况报告。"第二十条规定："省级文化和旅游主管部门根据传习计划应当于每年6月30日前对上一年度国家级非物质文化遗产代表性传承人义务履行和传习补助经费使用情况进行评估，在广泛征求意见的基础上形成评估报告，报文化和旅游部备案。评估结果作为享有国家级非物质文化遗产代表性传承人资格、给予传习补助的主要依据。"由此可见，代表性传承人退出机制早已建立，但其至今在黔南乃至全国很多地区仍未能真正实施的原因有以下两方面：

一是受政绩观影响。因为代表性传承人认定极为不易，所以国家级和省级代表性传承人是否成功申报已成为各地衡量非物质文化遗产保护工作成效的重要指标之一，除非遇到"丧失中华人民共和国国籍的；采取弄虚作假等不正当手段取得资格的；违反法律法规或者违背社会公德，造成重大不良社会影响的；自愿放弃或者其他应当取消国家级非物质文化遗产代表性传承人资格的情形"这四种情形须无条件退出外，各地文化主管部门一般不会主动向上级提出代表性传承人退出申请，主要原因便在于退出后出现的空缺并不会顺位进行增补，而是要按照程序和要求重新推荐新的代表性传承人参加下一轮的代表性传承人评审，一方面是评审时间遥遥无期，另一方面是评审结果未必如愿，因此每年各级文化主管部门虽然都会对代表性传承人进行工作评估，但碍于国家级、省级代表性传承人退出后可能产生的"麻烦"，对代表性传承人的管理和评估往往失之于宽、失之于松、失之于软，极不利于非物质文化遗产的健康发展，因此，代表性传承人退出机制的施行，必须彻底解决以数量作为评估工作业绩标准的现状，彻底改变代表性传承人数量减少就是工作人员严重失职的错误思想，将重代表性传承人申报数量变为重代表性传承人创新发展质量，才能真正实现通过退出机制不断优化传承人队伍的目标。

二是退出机制不完善。非物质文化遗产保护工作在我国已实施16年，虽然建立了退出机制，但内容较宏观，不利于操作，如许多代表性传承人已由中年步入老年，甚至有部分年纪较大的传承人已丧失参加活动的能力，对于这部分逐渐丧失履行传承能力的代表性传承人，按规定应该启动退出机制，但考虑到其在传承中曾经发挥的巨大作用，仅因为年龄原因便剥夺其传承人资格的行为显然极不人性化，极易引起整个传承人群的不满，从而成为黔南基层文化工作者不敢轻易触碰的原因。在此方面，苏州开展的代表性传承人评估就具有借鉴意义，其规定因年老体弱或遭遇重大变故而无法承担传承义务的，可申请不参加考评，连续两次不参加则可被认定为"荣誉传承人"。但成为"荣誉传承人"后，不可再申请获得市级传承人项目资助经费，只有年满 65 岁的可享有每年 3000 元到 6000 元的生活补助，并有义务开展力所能及的口述资料、录音录像等公益性工作。针对退出后产生的名额空缺也充分予以考虑，明确规定"一些非物质文化遗产代表性项目目前没有传承人的，也会按照'候选人机制'，对符合要求的进行增补，让项目传下去。"水族文化生态保护区建设过程中，我们应充分吸纳这些成功的机制，使之成为推动水族非物质文化遗产良性发展的助力器。

制定退出机制的目的是切实解决面临的现实问题，而在《中华人民共和国非物质文化遗产法》中，退出机制为什么会较为宽泛？究其原因，是我国非物质文化遗产资源非常丰富，但因历史、地域、民族、文化的差异，不同地区的非物质文化遗产在传承与发展中面临的问题各不相同，必须根据各地实际情况制定更加详细更加可行的实施细则，因此《中华人民共和国非物质文化遗产法》提出了退出机制，但并未进行一刀切的做法科学而谨慎。

在具体执行过程中，有两种现象亟须我们警惕，一种是不作科学分析，不注意尊重当地的民风民情，简单粗暴地一刀切，问题貌似解决了，但隐患却有可能越积越深；另一种是裹足不前，事事均须以其他地区现成经验作为参考和借鉴，但凡提出一条打破常规的新措施，都必须提供对应依据，一旦没有可参考或可借鉴的依据，宁可延用上级法律法规中较宽泛的表述，也不愿意轻易突破现有框架。

基于非物质文化遗产的丰富性和多样性，其在快速发展中面临的诸多问题往往是没有现成解决方案的，唯有摸着石头过河，唯有在失败中不断总结经验，这就需要我们有敢为天下先的精神，只有如此才能推动非物质文化遗产创造性转化和创新性发展，这不仅仅是对代表性传承人退出机制而言，对整个水族非物质文化遗产保护，对整个水族文化生态保护区保护而言亦是如此。

## 第四节　水族非物质文化遗产绩效评价体系

水族文化生态保护区的核心是水族非物质文化遗产，因此建立科学的水族非物质文化遗产绩效评价体系，对非物质文化遗产名录项目及其代表性传承人进行评估，实时对非物质文化遗产存续状态进行动态监测，并在此基础上有针对性地开展保护，就成了整个水族文化生态保护区建设工作的重中之重。

### 1. 非物质文化遗产名录项目评估

水族非物质文化遗产名录项目评估是一项较为系统的工程，其需要针对不同类别的非物质文化遗产制定详细的评估方案，特别是制定出一系列可量化指标，对每个项目逐条逐项进行评估，从而真实反映非物质文化遗产项目的存续状态。在我国非物质文化遗产名录项目评估过程中，具有官方背景的两套评估指标有着较高的研究和参考价值，一是 2018 年，在文化和旅游部领导下，由广东省文化和旅游厅组织的针对粤剧的专项非物质文化遗产评估，该次评估专门制定了《传统戏剧类非物质文化遗产项目（粤剧）评估指标表》；二是 2020 年 3 月，浙江省文化和旅游厅印发了《浙江省省级非物质文化遗产项目评估实施细则》，并同期制定了《浙江省省级非物质文化遗产项目评估指标（试行）》，在浙江省范围内实施。本文对两次评估指标（均选取戏剧类）进行对比分析，总结先行探索经验，对于水族非物质文化遗产评价体系建设具有较高的学习和借鉴意义。

### 1.1　责任保护单位评估

非物质文化遗产名录由各级地方人民政府公布，非物质文化遗产代表性传承人由各级文化和旅游局公布，因此除个别较特殊的非物质文化遗产项目外，绝大部分非物质文化遗产名录项目的责任保护单位为文化馆、非物质文化遗产保护中心或文物管理所。换言之，非物质文化遗产自启动首批名录申报始，便在政府的管理和引导下向前发展，因此各级非物质文化遗产名录项目责任单位建设情况应作为非物质文化遗产评估中的一个重要指标。

在广东省制定的《传统戏剧类非物质文化遗产项目（粤剧）评估指标表》（以下简称"广东指标"）中，责任保护单位指标涉及内容有"法制建设"（15分）"规划落实"（15分）"保护机构"（20分）"人员编制"（15分）"协调机制"（15分）五个方面，共计80分，在750分的总分中占10.66％。在《浙江省省级非物质文化遗产项目评估指标（试行）》（以下简称"浙江指标"）中，该项指标涉及内容为"机构情况"（4分）"履职情况"（4分）两方面，共计8分，在110分的总分中占7.27％。

在责任保护单位评估中，两套指标虽然内容相近，但"广东指标"显然更为具体，指标比值更重。例如"广东指标"提出了"法制建设""规划落实""协调机制"三个指标，明显比"浙江指标"中"履责情况"考核内容更具体，更能体现当地政府对非物质文化遗产的重视程度；再如"浙江指标"中，"机构情况"表述为"有专人负责项目保护，有项目或传承人的完整资料，有实施保护计划能力和开展传承传播的场所条件，得到传承人或传承群体认可"，此项考核内容相对宽泛，被考核项目责任保护单位即便在上述常规性工作中成绩不突出，也不会就此失分，因为对于"专人负责""有实施保护能力""有开展传承场所"等"迎检"材料进行"创造性补充"并"自证"的难度不大。而在"广东指标"中，针对该项内容的评估就变得很直接，"保护机构"中标明三个选项，即"A. 有独立机构且运作良好；B. 无独立机构但运作良好；C. 无独立机构运作一般。""人员编制"中亦标明三个选项，即"A. 有独立编制，且明确分工；B. 无兼职编制，有明确分工；C. 既无独立编制又无兼职人员。"是否有机构？

是否有编制？这显然不可能造假。因此，在水族非物质文化遗产评估体系建设过程中，关于责任保护单位方面基本上可以延用"广东指标"进行架构。

当然，"浙江指标"中"履责情况"亦具有借鉴价值，如其对是否主动落实保护责任和保护计划、分年度计划、保护效果等进行的分值评估，可作为考核水族非物质文化遗产责任保护单位的一个内容。

## 1.2　保护基础评估

《中华人民共和国非物质文化遗产法》第一条明确指出："为了继承和弘扬中华民族优秀传统文化，促进社会主义精神文明建设，加强非物质文化遗产保护、保存工作，制定本法。"对比可见，保护、保存是非物质文化遗产工作的根本，也是非物质文化遗产评估的重点。在此方面，"浙江指标"明显优于"广东指标"。

"浙江指标"中设计保护基础的内容有"调查与档案建设"（3分）"数据库建设"（3分）"专家指导"（2分）"传习场所"（5所）"实物收集与场所保护"（3分）"展示场所"（5分）"记录工作"（3分）"保护机制"（2分）八项，共计26分，在110分的总分中占23.63%，且评分标准更具体、更具操作性（见下表）。而在"广东指标"中，设计内容有"实践场地"（20分）"展示场馆"（15分）"设备情况"（15分）"传统剧目、剧本整理情况"（15分）、"传统剧目、剧本数字化"（15分）五项，共计80分，在750分的总分中占10.66%。对比可见，"浙江指标"不仅比"广东指标"占比更重，而且设置更合理、更系统。

表 2-1　非物质文化遗产保护基础评估指标

| 指标 | 考核内容 | 评分标准 | 评估依据与方法 |
|---|---|---|---|
| 调查与档案建设（3分） | 进行必要的普查，利用文字、录音、录像等手段对项目立档和建设传承人档案，档案齐备、规范、内容丰富，检索可查。 | 至少开展1次调查，项目和省级传承人2类档案建设都完成，分年度档案齐备，3分；至少开展1次调查，完成项目或传承人1类档案，分年度档案相对齐备，2分；至少开展1次调查，2类档案正在建设，年度档案齐备，1分。 | 清单备查、佐证材料；第三方评定 |
| 数据库建设（3分） | 积极运用数字化保护手段，建设项目数据库或传承人数据库或综合数据库。 | 建有2类或1个综合数据库或纳入县（区、市）统一的数据库且投入使用，3分；完成前者任一或综合数据库建设过半，2分；正在开展相关数据库建设，1分。 | 佐证材料；第三方评定 |
| 专家指导组（2分） | 建立专家指导组，规模在3人及以上，参与保护方案制定。 | 组建3人以上专家组，积极指导实践，2分；组建3人以上专家组，但未开展指导实践，1分。 | 台账、记录佐证；第三方评定 |
| 传习场所（5分） | 参照省非遗保护相关政策。建设一个或多个传承基地、传习中心、传习所；要求设施完善，功能完备，活动丰富，常态运作。 | 建设至少1个传承基地（传承中心、传习所），活动频次大于1，5分；活动频次介于0.7（含）～1，4分；活动频次介于0.5（含）～0.7，3分；活动频次介于0.2（含）～0.5，2分；低于0.2，1分。（活动频次=评估周期内有效活动总数/周期月数，保留小数点后一位，第二位四舍五入。） | 自评材料、佐证材料；第三方评定 |
| 实物收集与场所保护（3分） | 收集与项目相关有关的实物、资料和文献，并对其修复、保护；制定项目依存的文化场所清单，并与相关部门联合采取保护措施。 | 制定2个清单，实物材料收集丰富，相关场所维护完善，3分；缺少任一清单，实物收集相对丰富，相关场所保护相对较好，2分；开展实物收集与场所保护，有所成效，1分。 | 自评材料，清单、记录；第三方评定 |

| 指标 | 考核内容 | 评分标准 | 评估依据与方法 |
|---|---|---|---|
| 展示场所（5分） | 建有专门的陈列室，或在博物馆有专题陈列区域、非遗综合馆专题永久陈列。 | 展示面积大于（含）100平方米，2.5分；50（含）至100平方米，1.5分；20（含）至50平方米，0.5分；低于20平方米不得分。满分2.5分。 | 自评材料，清单、记录；第三方评定 |
| | | 展陈内容丰富，形式多样，常态开放，2.5分；展陈内容和形式一般，定期开放，1.5分；展陈内容和形式单一，不定期开放，0.5分。满分2.5分。 | |
| 记录工作（3分） | 自行或配合相关部门开展项目及传承人记录工作，并形成纪录片或口述史成果。 | 至少形成1个系统的纪录片或口述史成果，3分；正在开展系统的记录工作，但未形成正式成果，2分；有零散的记录，1分。 | 自评材料，佐证材料；第三方评定 |
| 保护机制（2分） | 每年上报年度总结和下一年度工作计划，向文旅主管部门汇报与项目相关的重大事项。 | 按时上报总结和年度计划，主动汇报重大事项，2分；不按时上报或上报内容不全面，1分。 | 自评材料，清单及佐证材料；第三方评定 |

在上述评估指标中，部分指标仍可进一步细化，如"调查与档案建设"中"完成项目和省级传承人2类档案、分年度档案齐备"，需让被考核对象明确了解1类档案与2类档案的区别，即1类档案需提供哪些考核资料，2类档案需提供哪些考核资料，才能在进行科学评估的基础上，推动地方非物质文化遗产档案实现规范化管理，再如"数据库建设"中"建有2类或1个综合数据库或纳入县（区、市）统一的数据库且投入使用"，被考核对象很难理解"建有2类或1个综合数据库"中"2类"为哪两类？

此外，无论是"广东指标"还是"浙江指标"，满意度测评的缺失均应引起重视，如建立"专家指导组"，建设"传习场所"，其目的都是更好地服务于传承人，然而在评估指标中只考虑了建设方，却忽视了最关键的环节，即群众"高不高兴""满不满意"，因此在黔南水族非物质文化遗产整个指标体系中，应将满意度测评全面纳入考核指标。

## 1.3 传承能力评估

非物质文化遗产的核心是传承人，因此传承能力的评估很大程度上需体现在传承人层面，"广东指标"主要集中在两个层面展开，即对代表性传承人的保护情况、对人员结构进行评估，主要内容有"补贴落实"（15分）"传承保护"（15分）"宣传参与"（15分）"传承人继续教育"（15分）"年龄结构"（15分）"职称结构"（15分）"学历结构"（15分）"行当结构"（15分）"获奖情况"（20分）"项目情况"（15分）"研究情况"（15），共计170分，在750分的总分中占22.66％。"浙江指标"（见下表）则是对"项目传承实践"（12分）"代表性传承人队伍"（8分）"传承人群"（8分）"项目发展态势"（7分）四项内容进行评估，共35分，在110分的总分中占31.8％。

就上述内容而言，两套指标各有优点，如"广东指标"设计的"年龄结构""职称结构""学历结构"指标能直观体现人才现状，因此不仅可作为传承人考核指标，还可以作为针对责任保护单位管理人才的考核指标。此外，"获奖情况""项目情况""研究情况"可真实反映传统戏剧与时俱进、持续发展的态势，评估结果亦具有较大价值。而"浙江指标"则是对项目实践情况、项目发展态势、代表性传承人队伍进行重点评估，尤其是专门针对"传承人群"中项目后备人才储备、传承（影响）人群情况等内容进行评估，使整个评估指标的视野得到了拓展，很有借鉴价值。

表 2-2　非物质文化遗产传承能力评估指标

| 指标 | 考核内容 | 评分标准 | 评估依据与方法 |
|---|---|---|---|
| 基本实践方式保持与传承（12分） | 项目的知识体系保持与传承情况，包括项目保持的系统性和完整性、完整掌握项目流程或掌握核心内容、绝活绝技人数情况以及符合项目发展客观实际的展演实践情况。 | 保留保持保护状况好，掌握人数大幅增加或完整复排（恢复）经典传统节目2个以上，或能够开展符合客观实际的展演实践，12分；保留保持保护状况较好，掌握人数相比略有增加，完整复排（恢复）经典传统节目1个以上，或能够开展符合客观实际的展演实践，10分；保留保持保护状况较好，掌握人数相比持平，正在完整（恢复）经典传统节目或能够开展符合客观实际的展演实践，7.5分；保留保持保护状况一般，掌握人数基本持平或传承面临一定困难，能进行传统经典节目演出或进行符合实际发展规律的展演实践，5分；保留保持保护状况差，掌握人数衰减，不能进行传统经典节目演出或展演实践活动，0～3分。 | 自评材料；第三方评定 |
| 代表性传承人队伍（8分） | 代表性传承人（传承群体）结构合理，采取培训、结对、进修等形式对代表性传承人进行能力提升。 | 代表性传承人层级人数分布合理。一位省级传承4分，一位市级传承人2分，一位县（区）级传承人，1分。或有被认可的社团、群体传统，人数6人及以上8分；5人6.5分；4人（含）5分，低于3人不得分。 | 自评材料、清单、佐证材料；第三方评定 |
| 传承（影响）人群（8分） | 项目后备人才储备、传承（影响）人群情况。 | 通过相关方式培养、吸引和参与（影响）的人群情况。提升10%及以上，8分，提升5%（含）～10%，6.5分，提升1%（含）～5%，5分；持平，4分。 | 佐证材料；第三方评定 |
| 项目发展态势（7分） | 与之前比较，项目存续活力变化，包括但不限于展演展示场次、地域范围、民众参与度等。 | 提供数据反映的展演场次、展演与影响范围、影响力提升和民众参与度情况等提升，任一指标：大幅提升，7分；略有提升，5.5分；持平，3.5分。 | 自评材料、清单、佐证材料；第三方评定 |

## 1.4 传播能力评估

非物质文化遗产保护不是关起门来保护，而是要将传统文化记忆和精神融入现代生活，这就需要不断提升其传播能力。

"广东指标"主要用两个版块来进行评估，一是"传播与交流"，二是"社会功能"。主要内容有"传统媒体传播"（15分）"新媒体传播"（15分）"国际交流"（15分）"国内交流"（15分）"商业展演场次"（15分）"商业展演上座率"（15分）"公益展演场次"（15分）"公益展演受益人数"（15分）"公益活动推广"（20分）九项，共计140分，在750分的总分中占18.66%。"浙江指标"（见下表）则是对"传承传播"（5分）"展演交流"（5分）"项目研究"（5分）"宣传报道"（5分）"氛围营造"（5分）五项内容进行评估，共25分，在110分的总分中占22.72%。

从上述评估指标中可见，两套指标评估主体大同小异，但是亦存在差异，如"广东指标"中将宣传分为"传统媒体传播""新媒体传播"两个指标，主要考核媒体报道的增长率，而"浙江指标"则统一用"宣传报道"指标进行评估，对于传统媒体主要考核其知名度和影响力，对于自媒体，主要考核其是否常态化。除此之外，"浙江指标"还增加了"项目研究""氛围营造"内容，将研讨会、普及读本出版以及围绕项目打造演艺品牌和旅游线路等内容纳入评估指标，相较于传统的传播能力评估，整体设计更符合项目的时代发展特征。当然，在水族非物质文化遗产宣传指标建立过程中，除上有效地借鉴上述指标，我们还应重视水族非物质文化遗产的乡土性，避免过度脱域化的价值介入，从而导致文化表现形式特性衰减和文化趋同。

表 2-3 非物质文化遗产传播能力评估指标

| 指标 | 考核内容 | 评分标准 | 评估依据与方法 |
|---|---|---|---|
| 传承传播（5分） | 开展非遗进校园、进课堂、进社区、进文化礼堂等活动，在非遗馆、公共场所开展常态化展示。 | 活动频率（活态次数/总月数）大于0.5（含），5分；0.3（含）～0.5，3～5（不含）分；0.1～0.3，1～3（不含）分。保留小数点后一位，第二位四舍五入。 | 自评材料、佐证材料；第三方评定 |
| 展演交流（5分） | 项目参加展演、演出、交流活动。 | 参与国外或国家级相关活动一次5分，省级活动一次3分，市级活动一次1分，县（区级）活动0.5分。 | 自评材料、佐证材料；第三方评定 |
| 项目研究（5分） | 保护单位组织开展或参与的项目研讨、交流、研究、编撰普及读本和开展的项目研究工作。 | 至少举行1次研讨交流或出版一本普及读本或有相关成果发表，5分；参与1次研讨交流会或有系统编撰的普及读本，但尚未出版，3分；开展研究活动但尚未形成成果，1分。 | 自评材料、佐证材料；第三方评定 |
| 宣传报道（5分） | 提升项目知名度和影响力的媒体报道情况；或自媒体宣传情况。 | 国家级媒体报道，5分；省级媒体3分；市级媒体1分；或项目保护单位自建新媒体开展常态化宣传，月平均2次以上，3分，月平均1次以上，1.5分，月平均低于1次，1分。同一事项被不同媒体多次报道，只计级别最高1次得分。 | 自评材料、佐证材料；第三方评定 |
| 氛围营造（5分） | 围绕项目打造或项目参与打造的演艺活动、演艺品牌、主题小镇、民俗文化村、旅游线路或作为重要内容参加重要节庆节点举办的重大活动。 | 1个活动案例，2.5分，满分5分。 | 自评材料、佐证材料；第三方评定 |

## 1.5 财政经费评估

随着社会的飞速发展，依赖传统农耕文化世代传承的非物质文化遗产日渐式微的态势不容回避，亟须大力扶持，而其中经费投入强度就是一个很重要的指标，尤其在西部山区，各县市虽已全部脱贫出列，但其经济发展相对滞后是一个长期性的现实问题，因此如何科学、合理、有效地用好每一笔专项资金，对于非物质文化遗产项目的健康发展意义重大。

"广东指标"主要对经费到账增长率进行评估，一是"专项经费"（20分），二是"横向经费"（20分），共40分，在750分的总分中占5.33%。"浙江指标"主要对"专项经费使用的科学性及结交目标完成情况"（2分）"地方财政配套"（1分）"保护单位自有、社会投入"（2分）"社会捐赠或自筹"（1分）四个方面进行评估，共6分，在110分的总分中占5.45%。综合上述两套指标设计，再结合黔南非物质文化遗产保护投入渠道主要依赖上级财政投入的现实，水族非物质文化遗产评估体系可将争取上级专项资金的增幅、地方政府是否纳入财政预算、各项资金是否被挪用挤占、经费绩效完成情况作为核心评估指标，而"保护单位自有""社会捐赠或自筹"等指标在现阶段暂时还不适宜作为评估指标，主要问题在于财政管理机制还不完善，即一方面是经费难以筹集，另一方面是筹集到的经费难以使用。当然这是非物质文化遗产经费投入的一个新方向，只要各级政府不断完善相关管理机制，就能不断拓宽经费投入渠道，实现非物质文化遗产保护的共同参与。

## 1.6 可持续发展能力评估

相较于传承保护，开发利用往往是地方政府最为关注的焦点，因此我们在指标设计时必须正确把握可持续发展与开发利用的关系，要区别非物质文化遗产生产性保护与文化产业发展的内涵与外延，一方面要保护好非物质文化遗产的文化内核，一方面又要让非物质文化遗产重新回归生活，这样才能推动非物质文化遗产保护实现可持续发展，实现活态传承。

在可持续发展方面，两套指标均予以高度重视，"广东指标"（见下表）将评估重心放在"创作创新""继续教育""后续传承人培养"三个方面，内容有"剧目创新"（20分）"演出创新"（15分）"管理创新"（15分）"学历教育"（15分）"非学历教育"（15分）"传承人亲授"（30分）"学校培养"（15分）"行业团体培养"（15分），共140分，在750分的总分中占18.66％。"浙江指标"主要对"内涵保护"（5分）"创新发展"（5分）"获奖情况"（5分）"课题研究"（5分）四个方面进行评估，共10分（超出不另加），在110分的总分中占9.09％。相比较而言，"广东指标"更清晰，尤其是"后续传承人培养"提出的"传承人亲授""学校培养""行业团体培养"三个具体评估内容，基本囊括了当前传承人培养的主要方式，不仅更利于量化评估，也更利于指导基层具体操作执行。

当然，"广东指标"主要针对传承基础较好，且项目影响力较大的粤剧进行评估，其指标设计虽具有借鉴价值，但在黔南水族非物质文化遗产评估中，还应根据地方实际情况进行调整，特别对于民间文学、传统技艺、传统医药等类型的非物质文化遗产名录更不能简单照搬该指标。

表 2-4　非物质文化遗产可持续发展能力评估指标

| 指标 | 考核内容 | 评分标准 |
|---|---|---|
| 创新创作<br>（50分） | 剧目创新<br>（20分） | A. 新创或新编剧目增长100％<br>B. 新创或新编剧目增长80％以上<br>C. 新创或新编剧目增长80％以下 |
| | 演出创新<br>（15分） | A. 演出创新增长100％<br>B. 演出创新增长80％以上<br>C. 演出创新增长80％以下 |
| | 管理创新<br>（15分） | A. 管理创新增长100％<br>B. 管理创新增长80％以上<br>C. 管理创新增长80％以下 |
| 继续教育<br>（30分） | 学历教育<br>（15分） | A. 受教育人数增长100％<br>B. 受教育人数增长80％以上<br>C. 受教育人数增长80％以下 |
| | 非学历教育<br>（15分） | A. 受教育人数增长100％<br>B. 受教育人数增长80％以上<br>C. 受教育人数增长80％以下 |

续表

| 指标 | 考核内容 | 评分标准 |
|---|---|---|
| 后续传承人<br>培养<br>（60分） | 传承人亲授<br>（30分） | A. 亲授人数增长100%<br>B. 亲授人数增长50%以上<br>C. 亲授人数增长20%以下 |
| | 学校培养<br>（15分） | A. 招生人数增长50%以上<br>B. 招生人数增长20%以上<br>C. 招生人数增长20%以下 |
| | 行业团体培养<br>（15分） | A. 直接培养人数增长50%以上<br>B. 直接培养人数增长20%以上<br>C. 直接培养人数增长20%以下 |

综上所述，水族非物质文化遗产项目评估可以延用上述六个方面的现成评估指标，再结合黔南的实际进行调整，便可根据不同类型的非物质文化遗产，有针对性地设计出具有较高可操作性的评估体系，并通过评估，找出水族非物质文化遗产传承与发展中面临的问题，从而制定出相应对策和措施，从而使整个非物质文化遗产保护体系日渐完善，如苏州市通过非物质文化遗产评估，制定了《苏州市濒危非物质文化遗产代表项目保护办法》，并在第二十四条中明确指出："（一）濒危状况得到改善且不再符合本办法第二条第二款规定情况的项目（掌握核心技艺、知识或者通晓基本流程的人员少于三人，或者均为七十岁以上的），建议从市级濒危项目名录中移除，有条件的可以进行生产性保护；（二）濒危状况得到改善但仍然符合本办法第二条第二款规定情况的项目，建议继续列入市级濒危项目名录；（三）濒危状况继续恶化失去存续条件的项目，建议从市级濒危项目名录中移除，进行记忆性保护。"这一系列措施的制定，不仅实现了与《中华人民共和国非物质文化遗产法》的有效衔接，而且更接地气，更具操作性。由此可见，评估并不是目的，而是推动非物质文化遗产更快更好地发展的手段。

## 2. 非物质文化遗产代表性传承人评价体系

非物质文化遗产传承人队伍是否健康发展，事关非物质文化遗产传承与发展，虽然项目评估中也涉及传承人评估内容，但更多还是将目光投放于传承人与整个项目的协同发展，设计指标较为宽泛，而针对非物质文化遗产代表性传承人展开的评估将直接影响到每一个代表性传承人的评估定级问题，与其切身利益息息相关，这就需要设计出专门针对不同类别非物质文化遗产名录特点的，较为翔实且具体可操作的代表性传承人评估指标，才能做到公正、公平、公开，才能达到依靠评估推动整个非物质文化遗产传承队伍健康发展的目标。为便于理解，本文以《浙江省省级非物质文化遗产代表性传承人评估指标（试行）》为例进行解读。

## 2.1　基本情况评估

非物质文化遗产项目不同，其代表性传承人评估的指标也应分类设计，《浙江省省级非物质文化遗产代表性传承人评估指标（试行）》共设计了两套指标，即"传统技艺、传统美术、传统医药"类评估指标（以下简称指标1）、"民间文学、民俗、传统戏剧、曲艺、传统舞蹈、传统体育、游艺与竞技、传统音乐"类评估指标（以下简称指标2），这两套指标基本情况评估内容一致，均为"个人情况"（5分）"履行义务情况"（5分），共计10分，在110的总分中占9%。

表 2-5　非物质文化遗产基本情况评估

| 指标 | 考核评估内容 | 考核依据和方式 |
|---|---|---|
| 个人情况<br>（5分） | 1. 国籍情况，居住地与项目传承地情况；<br>2. 身体健康，能够从事传承实践及指导传承实践； | 文化和旅游主管部门评定 |
| 履行义务情况<br>（5分） | 遵纪守法，爱国敬业，具有积极参与意识、合作意识和奉献精神；积极履行传承人义务，采取措施，促进项目生命力和传承活力提升的总体情况评价。 | |

结合《国家级非物质文化遗产代表性传承人认定与管理办法》第八条，关于"符合下列条件的中国公民可以申请或者被推荐为国家级非物质文化遗产代表性传承人"的规定，即代表性传承人必须享有中国国籍，失

去了中国国籍，其代表性传承人身份应消失。在浙江省设计的评估指标中，国籍情况作为其中一项指标，占5分，笔者认为该指标设计并不合理，因为该项应作为必要条件，而非选择条件。当然，有读者会提出质疑，即一些国际友人自愿学习该项技艺，且技艺掌握较好，可参与评选为代表性传承人，但笔者认为，国际友人如果学习并掌握较好该项技艺，可以其他形式对其进行褒奖，而代表性传承人的认定和评估应严格参照《国家级非物质文化遗产代表性传承人认定与管理办法》执行。在申请成为代表性传承人后，因故移民海外并放弃中国国籍的，同样应该取消其代表性传承人资格。

此外，在评估周期内一直外出务工，未在项目所在社区居住，且未开展传承活动和未参与文化和旅游主管部门举办的各种活动的，也应直接取消其代表性传承人资格。

## 2.2 传承态势评估

在此项内容中，浙江省设计的评估指标具有较强的可操作性，且评估数量及分值的设定也较为合理，但由于浙江与黔南存在着地域、民族、文化、经济等诸多方面的差异，因此其设计框架和分值大部分虽然可以直接借鉴，但仍有部分还需根据地方实际情况进行调整，使其与黔南水族非物质文化遗产传承与发展相适应。

### 2.2.1 授徒情况

表2-6 传统技艺、传统美术、传统医药评估指标

| 指标 | 考核评估内容 | 考核依据和方式 |
|---|---|---|
| 授徒情况（20分） | 1. 评估周期内授徒总数不少于5（含）人，新增学徒2人，已有学徒掌握技艺项目流程和核心技艺，且熟练运用于实践；（20分）<br>2. 评估周期内授徒总数2～4人，有新增学徒，已有学徒在一定程度上掌握项目内容，能够进行生产实践；（18分）<br>3. 评估周期内授徒1～2人，新增学徒开始学艺；（14分）<br>4. 评估周期内有授徒，但无新增学徒；（12分）<br>5. 评估周期内无任何收徒授徒。（0分） | 自评材料；第三方评定 |

表 2-7 民间文学、民俗、传统戏剧、曲艺、传统舞蹈、传统体育、

游艺与竞技、传统音乐评估指标

| 指标 | 考核评估内容 | 考核依据和方式 |
|---|---|---|
| 授徒情况（20分） | 1. 评估周期内带徒总数不少于 4 人（含），其中新增学徒不少于 2 人，且已有学徒掌握核心技巧或核心知识，且熟练运用于展演实践；（20分）<br>2. 评估周期内带徒总数 2～3 人，新增学徒不少于 1 人，已有学徒在一定程度上掌握项目内容，能够进行展演实践；（18分）<br>3. 评估周期内有授徒，新增学徒 1 人开始学艺；（14分）<br>4. 评估周期内有授徒，但无新增；（12分）<br>5. 评估周期内一直未收徒授徒。（0分） | 自评材料；第三方评定 |

就上表而言，传统技艺和传统美术评估指标设计是科学的、合理的，但如果沿用此指标针对水族传统医药进行评估，其授徒评估要求则与地方授徒实际情况存在矛盾，如水族医药带有秘方性质，一般在家族或家庭内部传承，即便授徒，也很难在短期内传授核心技术，因此在两年一次的评估周期中，传统医药代表性传承人很难实现"评估周期内授徒总数不少于5（含）人，新增学徒 2 人，已有学徒掌握技艺项目流程和核心技艺，且熟练运用于实践"的目标。

### 2.2.2 传艺情况

表 2-8 传统技艺、传统美术、传统医药评估指标

| 指标 | 考核评估内容 | 考核依据和方式 |
|---|---|---|
| 传艺情况（15分） | 1. 有科学完善的传承计划，落实计划并取得实效，非遗进校园、进社区等活动每年不少于 12 小时，每年面向民众开展不少于 4 次展示活动；（15分）<br>2. 有相对完善传承计划，能够在一定程度上落实，取得积极效果，非遗进校园、进社区等活动每年不少于 8 小时，年均面向民众开展不少于 2 次展示活动；（10分）<br>3. 传承计划不完善，非遗进校园、进社区等活动年均不少于 6 小时，年均面向民众开展不少于 1 次展示活动；（7.5分）<br>4. 无上述活动。（0分） | 自评材料；第三方评定 |

表 2-9 民间文学、民俗、传统戏剧、曲艺、传统舞蹈、传统体育、
游艺与竞技、传统音乐评估指标

| 指标 | 考核评估内容 | 考核依据和方式 |
|---|---|---|
| 传艺情况（15分） | 1. 年度传承计划科学完备，且能按计划执行。自编教材教案，积极参与非遗进校园、进社区等活动，年均不少于12小时；年均面向民众开展不少于4次公益性展示活动；（15分）<br>2. 年度传承计划完备，且能基本完成计划。参加非遗进校园、进社区等活动，年均不少于8小时，年均面向民众开展不少于2次公益性展示活动；（10分）<br>3. 制定年度传承计划，但未能落实。考核周期内，有进校园、进社区等活动，年均不少于6小时，年均面向民众的公益性展示活动不少于1次；（7.5分）<br>4. 无上述活动。（0分） | 自评材料；第三方评定 |

就上表而言，两套评估指标均可直接延用，但我们还应根据实际情况实行柔性评估，如针对水族医药、水族端节、水族九阡酒等不适于开展进校园的非物质文化遗产，应对代表性传承人在村寨开展的传艺活动给予鼓励和肯定，而不能以是否进校园、是否进社区作为第一评估指标。此外，还应注意表述不统一问题，如传艺情况第1款中，"有科学完善的传承计划，落实计划并取得实效"与"年度传承计划科学完备，且能按计划执行"内容一致，但文字表述却存在一定差异，易产生不严谨之感，因此在水族非物质文化遗产代表性传承人评估指标设计时，此类问题应予避免。

### 2.2.3 生产实践活动

表 2-10 传统技艺、传统美术、传统医药评估指标

| 指标 | 考核评估内容 | 考核依据和方式 |
|---|---|---|
| 生产实践活动（15分） | 1. 活跃一线、从事项目的创作实践，年均能够创作一定数量的作品及有10件代表作或典型案例；（15分）<br>2. 在一线生产，以指导为主，同时也能进行一定数量的生产，有4件代表作或典型案例；（12分）<br>3. 在一线不参与生产，以指导为主；（8分）<br>4. 已不再从事任何生产创作、指导工作。（0分） | 自评材料；第三方评定 |

表 2-11　民间文学、民俗、传统戏剧、曲艺、传统舞蹈、传统体育、

游艺与竞技、传统音乐评估指标

| 指标 | 考核评估内容 | 考核依据和方式 |
|---|---|---|
| 生产实践活动（15分） | 1. 活跃一线开展展演展示实践，年均能够展示和表演一定数量的作品及代表作或依照项目客观规律进行展演；（15分）<br>2. 坚持一线开展传承实践，但以指导为主，偶尔进行展示、表演；（12分）<br>3. 仍在一线开展传承实践，但以指导为主，不参与展示展演和创作实践；（8分）<br>4. 未从事任何展演展示实践。（0分） | 自评材料；第三方评定 |

该两项指标提出"坚持一线传承实践，以指导为主"的考核要求，这对于年龄较大，不能再从事刺绣或表演，但生产实践和文化积淀异常丰富，并依旧为非物质文化遗产事业发光发热的老一辈代表性传承人是一种肯定。换而言之，评估中能得到满分，体现了非物质文化遗产代表性传承人步入了一个良性发展轨道，而老一辈在失去直接生产实践能力后，仍坚持"以指导为主"，并活跃在一线，虽然得分略减，但却真正体现了非物质文化遗产的"传"与"承"。

## 2.2.4　展示传播与对外交流

表 2-12　传统技艺、传统美术、传统医药评估指标

| 指标 | 考核评估内容 | 考核依据和方式 |
|---|---|---|
| 展示传播与对外交流（10分） | 1. 参加参与对外文化交流和展示活动、国家级或行业公认的全国性重大展览展会；（8分）<br>2. 参与省内外省级重大非遗博览会、展览、展会；（6分）<br>3. 在市级及以上博物馆举行作品展；（5分）<br>4. 参加市级文化交流活动；（4分）<br>5. 参加县（区、市）及其他具有一定影响力的文化展示交流活动；（2分）<br>6. 未参加任何展示展览活动。（0分） | 自评材料及佐证；第三方审核 |

表 2-13　民间文学、民俗、传统戏剧、曲艺、传统舞蹈、传统体育、
游艺与竞技、传统音乐评估指标

| 指标 | 考核评估内容 | 考核依据和方式 |
|---|---|---|
| 展示传播与对外交流（10分） | 1. 参加对外交流和展示活动、参与国家级文化交流展示活动或行业公认的全国性重大文化交流活动；（8分）<br>2. 参与省内外省级重大文化展演和交流活动；（6分）<br>3. 参加市级文化展演及相关交流活动；（4分）<br>4. 参加县（区、市）及其他具有影响力的文化展演或交流活动；（2分）<br>5. 未参加任何展示展览活动。（0分）<br>团体性展示展演，如为主要成员（前二分之一），同等计相应分数。 | 自评材料；第三方评定 |

　　该评估指标虽然是针对省级代表传承人开展，但是基于浙江经济较发达，对非物质文化遗产扶持力度较大的客观现实，其对于水族非物质文化遗产展示传播与对外交流指标设计的借鉴价值并不大，虽然基本框架可以参照执行，但具体指标仍需要根据不同类别的水族非物质文化遗产的实际情况重新进行设计，例如参加"对外文化交流和展示活动、参与国家级文化交流展示活动或行业公认的全国性重大文化交流活动""参与省内外省级重大文化展演和交流活动"对于民间文学和民俗类代表性传承人而言并非易事，如黔南仅有的一位水书习俗国家级代表性传承人至今未参加过"对外文化交流和展示活动、国家级文化交流展示活动或行业公认的全国性重大文化交流活动""省内外省级重大文化展演和交流活动"，究其原因，并非其不愿参与，而是其项目特性导致其无缘被推送参与各种"高、大、上"的活动；再如，黔南目前仅建有黔南州博物馆和三都水族文化博物馆，基于其场馆设置及年度活动安排，除非其将非遗展示列入工作计划，否则传统技艺、传统美术、传统医药类非物质文化遗产代表性传承人到博物馆举办作品展亦非易事，如果将博物馆进行作品展示更改为配合文化馆（该单位多为该县非物质文化遗产责任保护单位）开展非遗展示活动，则更符合黔南实情。

## 2.2.5 项目调查、资料保存和记录工作

**表 2-14 传统技艺、传统美术、传统医药评估指标**

| 指标 | 考核评估内容 | 考核依据和方式 |
|---|---|---|
| 项目调查、资料保存和记录工作（15分） | 1. 积极配合政府相关部门、行业协会、高校研究机构等开展项目调查、记录、资料收集，收集保存一定数量作品、资料（文字与影音）、工具等；自行开展项目收集、记录、整理工作，且成果已经编印；（15分）<br>2. 配合政府相关部门、行业协会、高校研究机构等开展项目调查、记录、资料收集，收集保存一定数量作品、资料（文字与影音）、工具等；自行开展项目记录、整理工作，且有一定成果，并在内部使用；（12分）<br>3. 参与或自行开展过调查、记录与资料收集，上述相关工作，有零散成果；（9分）<br>4. 参与或自行开展过调查、记录与资料收集，上述相关工作，但未形成成果；（7.5分）<br>5. 未开展任何调查、记录、收集和整理活动。（0分） | 自评材料；第三方评定 |

**表 2-15 民间文学、民俗、传统戏剧、曲艺、传统舞蹈、传统体育、**

**游艺与竞技、传统音乐评估指标**

| 指标 | 考核评估内容 | 考核依据和方式 |
|---|---|---|
| 项目调查、资料保存和记录工作（15分） | 1. 积极配合政府相关部门、行业协会、高校研究机构等开展项目调查、记录、资料收集，保存一定数量作品、资料（文字与影音）、实物等；自行开展项目收集、记录、整理工作，且已经编印成果；（15分）<br>2. 配合政府相关部门、行业协会、高校研究机构等开展项目调查、记录、资料收集，收集保存一定数量作品、资料（文字与影音）、实物道具等；自行开展项目记录、整理工作，且有一定成果，并用于传承实践；（12分）<br>3. 参与或自行开展调查、记录和资料收集，未形成成果、未指导实践；（9分）<br>4. 参与或自行开展过调查、记录与资料收集，上述相关工作，有零散成果；（7.5分）<br>5. 未开展上述记录活动。（0分） | 自评材料；第三方评定 |

黔南经济发展相对滞后，非物质文化遗产主要依赖农耕文化世代传承，因此代表性传承人虽然文化底蕴深厚，并掌握了核心技艺，但普遍未接受正规教育，如水族马尾绣国家级代表性传承人韦桃花仅为初小文化水平、水书习俗国家级代表性传承人潘老平仅上过几天私塾……上述评估指标显然更适用于非物质文化遗产责任保护单位工作人员，而非久居山乡的代表性传承人，如其积极配合相关部门、协会等开展项目调查，便应视为完成任务。当然我们还应关注一个问题，即相关部门如果未邀请该代表性传承人参与调查，那么代表性传承人想要在该项评估中拿分，便只有自行开展项目收集、记录、整理工作，并提供相应的文字与影音资料，甚至提供编印成果。在现阶段，大部分水族非物质文化遗产代表性传承人显然不具备此能力。

### 2.2.6  社会影响

表 2-16  传统技艺、传统美术、传统医药评估指标

| 指标 | 考核评估内容 | 考核依据和方式 |
|---|---|---|
| 社会影响（5分） | 1. 媒体报道：国家级媒体专栏报道（5分）、省级媒体专栏报道（3分）；国家级媒体报道（3分）、省级媒体报道（2分）、市级媒体报道（2分）；通过微媒体平台，并进行常态化宣传展示（2分），微媒体每月至少发布2次自创项目内容，最多计2分；<br>2. 获奖情况：国家级奖励、行业内公认的权威奖励（5分）；省级奖励（3分）；市级奖励（1分）；<br>3. 受聘担任中职高职高校或科研机构兼职教授；（3分）<br>同一事项不重复计分，只计最高一次得分，满分计5分。 | 自评材料及作证；第三方评定 |

表 2-17 民间文学、民俗、传统戏剧、曲艺、传统舞蹈、传统体育、

游艺与竞技、传统音乐评估指标

| 指标 | 考核评估内容 | 考核依据和方式 |
| --- | --- | --- |
| 社会影响<br>（5分） | 1. 媒体报道：国家级媒体专栏报道（5分）、省级媒体专栏报道（3分）；国家级媒体报道（3分）、省级媒体报道（2分）、市级媒体报道（2分）；通过微媒体平台，并进行常态化宣传展示（2分）。微媒体报道活动每月至少发布2次自创项目内容，最多计2分。<br>2. 获奖情况：国家级奖励、行业内公认的权威奖励（5分）；省级奖励（3分）；市级奖励（1分）。同一节目多次获奖，只取最高分。团体性获奖，作为主要成员同等计分。<br>3. 被中高职院校、高等院校、科研机构聘为兼职教授。（3分）<br>4. 其他突出体现社区、群体认同度高或社会评价效果好的案例。（3分）<br>同一事项不重复计分，只计最高一次得分，满分计5分。 | 自评材料；第三方评定 |

该项指标设计较为全面，尤其是微媒体平台发布自创项目可计分的设计非常符合现今社会发展趋势，也更利于大山里的非物质文化遗产传播，但是基于水族非物质文化遗产代表性传承人受教育程度偏低，特别是对新兴的微媒体更是知之甚少，如果将其作为评估内容之一，则需要责任保护单位有针对性地开展专项培训。

## 2.2.7 研讨培训

表 2-18 传统技艺、传统美术、传统医药评估指标

| 指标 | 考核评估内容 | 考核依据和方式 |
| --- | --- | --- |
| 研讨培训<br>（6分） | 1. 参加由政府部门、高校及其他团体组织的研讨会、座谈会或对话会；（3分）<br>2. 参加研培计划培训或参与研培计划授课活动；（2分）<br>3. 参加或接受省级部门组织的培训或授课。（2分） | 自评材料；第三方评定 |

表 2-19　民间文学、民俗、传统戏剧、曲艺、传统舞蹈、传统体育、

游艺与竞技、传统音乐评估指标

| 指标 | 考核评估内容 | 考核依据和方式 |
|---|---|---|
| 研讨培训<br>（6分） | 1. 参加由政府部门、高校及其他学术团体举办的研讨会、座谈会，并发言；（3分）<br>2. 参加或到国家相关部委举办的培训或授课；（3分）<br>3. 参加省级部门组织的研培训或授课；（2分）<br>4. 参加其他培训活动或授课。（1分） | 自评材料；<br>第三方评定 |

作为非物质文化遗产代表性传承人，其不仅肩负着技艺传承的重要责任，同时还需要不断给自己充电，努力提升自己的综合素质。但是近年来，各级政府组织的培训或活动，其关注点往往集中于那些可与市场接轨，能产生经济效益的传统技艺、传统美术等项目上，而给予民间文学、民俗等项目的关注度一直较低。这些项目的代表性传承人虽有心参加"由政府部门、高校及其他团体组织的研讨会、座谈会""参加研培计划培训或参与研培计划授课活动"，但苦于没有门路。因此，在责任保护单位没有制定好各门类非物质文化遗产名录研培计划的情况下，仅以是否参与研讨会或培训作为考核指标，至少在现阶段的水族地区没有太大操作价值。

## 2.2.8　补助经费使用

表 2-20

| 指标 | 考核评估内容 | 考核依据和方式 |
|---|---|---|
| 补助经费<br>使用<br>（4分） | 使用有计划、有记录、有绩效、有报告。 | 自评材料；<br>第三方评定 |

在黔南的四级非物质文化遗产代表性传承人体系中，除县市级代表性传承人目前没有经费补助外，国家级、省级、州级代表性传承人每年均能得到数量不等的补助经费，然而由于长期处于无使用计划、无绩效评估、无年度报告的状态，导致许多代表性传承人误认为该项经费是国家补贴给代表性传承人的生活费，未认清该项补助应更多应用于项目传承，因此，

在水族非物质文化遗产代表性传承人评估中，该项指标不仅要保留，而且还应加大考核分值。

## 2.2.9　提升指标

浙江省针对代表性传承人评估专门设计了提升指标，满分10分，且提升指标只统计排名为前三位的材料，排名第二，分数减半，排名第三，分数按1/4计。提升指标的设定，为代表性传承人的发展指明了方向，具有较高的现实意义。尽管水族非物质文化遗产代表性传承人文化程度偏低、年龄偏大，但借鉴并建构提升评估指标，能有效推动整个传承人群的素质提升，尤其对于青年一代传承人，将持续发挥示范引领作用。

表 2-21　传统技艺、传统美术、传统医药评估指标

| 指标 | 考核评估内容 | 考核依据和方式 |
|---|---|---|
| 研究成果<br>（5分） | 1. 出版或编印项目传承学习教材、理论研究成果发表出版或编印作品集；（3分）<br>2. 主持承担政府部门课题或委托相关机构开展项目技术与材料研发；（5分）<br>3. 拍摄教学视频或网络公开课；（3分）<br>4. 产品申请专利；（2分） | 著作、教材、作品集上交、论文原件或复印件均可；第三方评定 |
| 捐赠收藏<br>（3分） | 1. 作品被遴选为国家外事活动礼品或参与国家重大活动礼品设计制作相关工作；（3分）<br>2. 作品被省级及以上博物馆、非遗馆永久收藏；（3分）<br>3. 积极支持高等院校专业教学建设，捐赠作品作为教学和展示资源。（2分） | 自评材料；第三方评定 |
| 传统挖掘与传承发展<br>（5分） | 1. 恢复项目失传内容或环节，并促进其传承传播；（5分）<br>2. 发展项目的知识和技艺，改良材料、技艺、工序，并获得行业认可。（5分） | 自评材料；第三方评定 |

表 2-22　民间文学、民俗、传统戏剧、曲艺、传统舞蹈、传统体育、

游艺与竞技、传统音乐评估指标

| 指标 | 考核评估内容 | 考核依据和方式 |
|---|---|---|
| 研究成果（5分） | 1. 自编出版项目传承学习教材（5分）、理论研究著作（5分）、论文集（4分）、论文（3分）；<br>2. 主持承担政府部门课题项目研究；（5分）<br>3. 拍摄教学视频或网络公开课。（4分） | 教材、著作上交、论文原件或复印件均可；第三方评定 |
| 捐赠收藏（5分） | 1. 项目有关实物、道具捐赠给省级及以上博物馆、非遗馆等机构永久收藏；（5分）<br>2. 支持高等院校专业教学，捐赠重要珍贵实物道具、影音资料作为教学和展示资源。（5分） | 佐证材料；第三方评定 |
| 传统挖掘与传承发展（5分） | 1. 恢复项目失传内容或环节，作为主要成员复排经典剧目节目、关键技能、绝活，并促进其传承传播；（5分）<br>2. 发展项目的知识、展演和改进与项目有关的艺能，并获得行业认可。（5分） | 自评材料；第三方评定 |

当然，提升指标也存在一些问题，需要我们结合实际，不断调整，例如捐赠收藏指标中，设计了"支持高等院校专业教学，捐赠重要珍贵实物道具、影音资料作为教学和展示资源"考核内容，不仅将"捐赠重要珍贵实物道具"作为评估指标，且分值高达 5 分，这显然与自愿捐赠原则相违背，如果"重要珍贵实物道具"作为收藏品向高等院校进行捐赠尚可理解，但仅仅是用作高等院校日常教学和展示用具，显然"重要珍贵实物道具"还没有"普通实物道具"更具实用价值。因此，将"捐赠重要珍贵实物道具"改为"捐赠实物道具或作品"显然更科学。由此可见，指标的设计并不是一成不变的，而是需要根据实际情况进行科学设定。

## 3. 评估实施

水族非物质文化遗产是水族先民留下的宝贵财富，尽管其赖以生存的农耕文化土壤在今天受到强势冲击，但其并未就此枯竭、就此消亡，而是随着社会的发展，始终与水族人民的生产生活紧密相连，始终向着满足人们追求美好生活的方向发展。因此，对水族非物质文化遗产进行评估，其

核心不仅仅是看传统技艺是否传承好，还应关注该项目是否与时俱进，是否推陈出新等因素，因为唯有与人民的需求同频共振，才可能拥有可持续发展的不竭动力。因此如何公平、公正、公开地进行评估，如何在评估中发现并正确面对和解决传承与发展中面临的现实问题，才是评估的最终目的。

要做好评估，笔者认为应解决好以下几个方面的问题：

（一）谁来组织评估？《中华人民共和国非物质文化遗产法》第二十五条规定："国务院文化主管部门应当组织制定保护规划，对国家级非物质文化遗产代表性项目予以保护。省、自治区、直辖市人民政府文化主管部门应当组织制定保护规划，对本级人民政府批准公布的地方非物质文化遗产代表性项目予以保护。制定非物质文化遗产代表性项目保护规划，应当对濒临消失的非物质文化遗产代表性项目予以重点保护。"由此可见，不管是非物质文化遗产评估，还是文化生态保护区评估，文化主管部门均应为评估实施主体，由其负责组织开展。即在黔南州启动的水族文化遗产评估工作中，黔南州文化广电和旅游局应作为领导方，各县市文化和旅游局应作为具体组织实施方；如果是三都水族自治县启动本县水族文化遗产评估工作，则三都水族自治县文化广电和旅游局应作为领导方，而县文化馆、非物质文化遗产保护中心、文物管理所以及各乡镇文化站应作为具体组织实施方。

（二）谁来进行评估？鉴于水族非物质文化遗产项目、水族非物质文化遗产代表性传承人、水族文化生态保护区的范围较广等客观现实，由各地文化主管部门直接实施评估不仅面临人力不足的问题，而且避免不了人情世故的干扰，找熟人、打招呼的现象肯定难以避免，这也是一直以来对非物质文化遗产项目年年进行绩效考核，但效果始终不尽如人意的原因之一。为使整个评估工作更加公正、公平、公开，按照上级文化主管部门督查评估、项目责任保护单位自查评估、具有资质的专业团队具体开展第三方评估的综合评估方式最为科学。

（三）对谁进行评估？非物质文化遗产评估主要包括项目和代表性传承人两个部分，由于代表性传承人需经过各级政府认定，其无论是在级别还是数量上均予以明确，指向性较强，因此评估对象一目了然，而针对项目进行评估所涉及的内容则较广，如对相关政策、办法的制定及实施情况进行评估，对经费投入情况进行评估，等等，其评估对象已不再局限于受地方政府管理的代表性传承人，如财政局、人社局等参与开展非物质文化遗产保护工作的相关政府部门，甚至作为领导方负责组织评估的文化主管部门也是评估对象之一。此外，对于民俗等群体性传承项目，不仅仅要对进入传承人名录的代表性传承人进行评估，还需要对特定的传承载体进行评估，对虽未进入代表性传承人名录但在地方具有一定影响力的传承群体进行评估。

（四）拿什么标准评估？评估不是拍脑袋、拍胸脯就可以完成的，需根据组织方提出的要求，科学制定《保护评估工作方案》《保护评估规范》《保护评估指标》《保护评估信息申报表》《保护评估评分表》《调查问卷》等一系列评估方案、工作细则和评估标准，明确从哪个方面、哪个角度进行评估，比如是对水族非物质文化遗产项目进行单项评估，还是对水族文化生态保护区进行整体评估？是评估具体资金使用绩效，还是评估具体保护工作的实施过程？是评估 2005 年以来县市级水族非物质文化遗产总体发展现状，还是评估自××年以来水族非物质文化遗产阶段性发展现状？等等。

此外，对于评估分值设计亦应当给予清晰说明，如 2018 年，由文化和旅游部领导、广东省文化和旅游厅制定的《传统戏剧类非遗项目（粤剧）评估指标》，共设计了 43 个三级指标，总分值为 750 分（含特色加分项目 50 分），明确指出评估总得分在 600 分及以上为优秀等级；评估总得分在 450 分及以上为合格等级；评估总得分在 450 分以下为不合格。只有明确的可量化的评分指标，才能避免具体实施单位在评估工作中偏离方向，才能保证评估结果经得起社会的检验，所以，评估标准切忌模糊，切忌模棱两可。

（五）怎么评估？即明确评估的具体流程，比如评估工作何时开始？如何推进？何时结束？评估时采用何种方式、方法进行评估？是需要量化评估，还是抽样评估？等等。

## 第五节　水族文化生态保护区评价体系

文化生态保护区是一个新生事物，是我国文化建设的一项新举措，没有固定的模式可遵照，文化生态保护区的建设有赖于各地在专业工作和管理工作中的不断探索。目前，黔南水族文化生态保护区仍处于申报阶段，大量实质性建设工作还未全面启动，相较于尚有可借鉴成果的非物质文化遗产评价体系，水族文化生态保护区评价体系建构只能是摸着石头过河。如何科学建立黔南水族文化生态保护区评价体系，指导并督促文化生态保护区良性发展？笔者认为应将目光牢牢盯紧中国特色社会主义事业"五位一体"总体布局，并在此框架下建设水族文化生态保护区评价体系，方能确保我们始终沿着正确的方向前进。

党的十八大报告指出，建设中国特色社会主义，总布局是经济建设、政治建设、文化建设、社会建设、生态文明建设五位一体。五位一体总布局代表了人民群众的根本利益和共同愿望，五位一体总布局是一个有机整体，其中经济建设是根本，政治建设是保证，文化建设是灵魂，社会建设是条件，生态文明建设是基础。只有坚持五位一体建设全面推进、协调发展，才能形成经济富裕、政治民主、文化繁荣、社会公平、生态良好的发展格局，把我国建设成为富强民主文明和谐的社会主义现代化国家。

为使水族文化生态保护区评价指标可对照、可感知、可评价，笔者在认真学习习近平总书记系列讲话精神的基础上，结合自身工作实践，以经济、政治、文化、社会和生态文明为主体框架，努力尝试搭建黔南水族文化生态保护区评价体系，然而由于才疏学浅，评价体系中指标设定的科学性和准确性仍有不足，其目的只是抛砖引玉，提供一个可供探讨的方向和思路。

## 1. 经济建设

在经济建设方面，要加快完善水族文化传承与发展机制，推动水族文化创造性转化和创新性发展，不断增强发展后劲，促进水族文化与信息化、城镇化、农业现代化和旅游产业化同步发展。

表 2-23　水族文化生态保护区经济建设评价指标体系

| 一级指标 | 二级指标 | 变量 | 指标属性 |
| --- | --- | --- | --- |
| 资源禀赋 | 使用价值 | X1 | 正向 |
| | 开发潜力 | X2 | 正向 |
| | 丰度与可组合度 | X3 | 正向 |
| 承载能力 | 传承人及传承技术难度 | X4 | 正向 |
| | 保护与创新潜力 | X5 | 正向 |
| | 旅游承载力 | X6 | 正向 |
| | 受众因素 | X7 | 正向 |
| 产业生命力 | 经济效益 | X8 | 正向 |
| | 社会效益 | X9 | 正向 |
| | 供给力 | X10 | 正向 |
| | 需求力 | X11 | 正向 |
| | 投入与规模 | X12 | 正向 |

| 一级指标 | 二级指标 | 变量 | 指标属性 |
|---|---|---|---|
| 可持续发展 | 制度保障 | X13 | 正向 |
| | 文化产业增长 | X14 | 正向 |
| | 产业结构 | X15 | 正向 |
| | 科技含量 | X16 | 正向 |
| | 市场战略 | X17 | 正向 |
| | 资源开发利用 | X18 | 正向 |

表 2-24　水族文化生态保护区经济建设评价指标解释

| 指标名称 | 指标解释 |
|---|---|
| 资源禀赋 | 资源禀赋决定了水族文化产业开发的深度和广度，因此可以资源的使用价值、开发潜力、丰度与可组合度作为切入点进行评价，其中"开发价值"可从资源品级、趣味性、展示途径和效果、可参与性、审美性等方面进行考核；"开发潜力"可从知名度和美誉度、原真性和完整性、独特性等方面进行考核；"丰度与可组合度"可从资源的丰富程度、相邻景点的数量和品级、资源组合效果进行考核。 |
| 承载能力 | 承载能力是水族文化产业发展的基础，因此对保护区内传承人及传承技术难度、保护与创新潜力、旅游承载力和受众因素均应予以高度关注，其中，"传承人及传承技术难度"可从传承人受教育情况、传承人年收入情况、传承方式与相关政策、传承技术难易程度等方面进行考核；"保护与创新潜力"可从非物质文化遗产的保护情况、开发情况、创新潜力等方面进行考核；"旅游承载力"可从所在地地理条件、所在地市场定位、所在地经济发展水平、参观率容纳度、参观率负面影响力等方面进行考核；"受众因素"可从受众参与/观赏的成本投入、家人/朋友的认可、社会各界人士的认可等方面进行考核。 |
| 产业生命力 | 保护区的产业生命力可由供给力、需求力、投入与规模、社会效益、经济效益五个方面考核指标组成，其中，"供给力"重点考核所在地基础设施总体状况、所在地旅游设施总体状况、旅游综合服务能力和水平等内容；"需求力"重点考核游客的数量规模、人均旅游消费、旅游需求潜力等内容；"投入与规模"重点考核资金投入、非物质文化遗产旅游项目的规模或影响力等内容；"社会效益"重点考核所在地的经济综合收入、传承人的收入提高情况等内容；"经济效益"重点考核变迁能力、可持续发展能力等方面内容。 |

| 指标名称 | 指标解释 |
|---|---|
| 可持续发展 | 保护区的可持续发展可由制度保障、文化产业增长、产业结构、科技含量、市场战略、资源开发利用六个方面考核指标组成，其中，"制度保障"重点考核政府制定保护传承人合法权益的政策措施、项目活动场所保障、年均开展活动次数、政府对传承人补贴等内容；"文化产业增长"重点考核文化产业经济总值增长率、人均文化产业经济总值增长率、文化产业利税增长率、文化娱乐消费支出（人均增长率）等内容；"产业结构"重点考核文化产业机构数量增长率、文化产业从业人员数量增长率、新兴文化产业占文化产业的比重等内容；"科技含量"重点考核传统文化产业传承度、现代科技应用度、R&D增长率等内容；"市场战略"重点考核项目自身经济效益、项目的长中短期发展规划、目标市场定位、项目品牌知名度、外界关注度等内容；"资源开发利用"重点考核文化生态资源整合度、文化生态资源规模开发度、文化市场占有率、文化精品品牌带动度、宣传推介度等内容。 |

## 2. 政治建设

纵观当前的非物质文化遗产或自然生态评价体系构建，政治建设指标最易被忽视，主要原因是文化中的"政治指标"如何量化是一个难点，且考核的操作性欠佳，往往模糊处理，然而在近年来开展的非物质文化遗产保护实践中，笔者发现强化政治建设与弘扬优秀传统文化不仅不矛盾，相反对于推动优秀传统文化创新发展意义重大，因此在水族文化生态保护区建设过程中，我们必须不断强化政治教育和政治引领，才能统一思想、凝聚共识，将党的主张、党的声音传播到千家万户，才能大力弘扬健康向上的优秀文化，旗帜鲜明地抵制庸俗腐朽的落后文化，这是水族文化生态保护区能够健康发展的根本保障。

表 2-25　水族文化生态保护区政治建设评价指标体系

| 一级指标 | 二级指标 | 变量 | 指标属性 |
|---|---|---|---|
| 坚持中国共产党的坚强领导 | 坚持党的全面领导 | X1 | 正向 |
| | 增强"四个意识" | X2 | 正向 |
| | 做到"两个维护" | X3 | 正向 |
| 坚持和发展中国特色社会主义 | 坚持依法保护 | X4 | 正向 |
| | 坚持社会主义核心价值观 | X5 | 正向 |
| 不断为美好生活而奋斗 | 文化不平衡不充分问题 | X6 | 正向 |
| | 群众急愁盼解决问题 | X7 | 正向 |
| | 群众共同富裕问题 | X8 | 正向 |
| 加强中华儿女大团结 | 坚持民族团结 | X9 | 正向 |

表 2-26　水族文化生态保护区政治建设评价指标解释

| 指标名称 | 指标解释 |
|---|---|
| 坚持党的全面领导 | 没有共产党就没有新中国，坚持党的全面领导是政治建设的基石。"坚持党的全面领导"应以强化基层党组织建设、充分发挥党员的先锋模范作用为抓手，因此保护区管理单位、民间艺术团队、传承人企业、传承人合作社、志愿者团体等是否建立党支部？是否正常开展"三会一课"？是否有计划培养入党积极分子？党员或党支部是否获得上级表彰？等等，均是具体的可操作的内容，而且可根据各地基层组织建设的实际情况，延伸出三级甚至四级考核指标。 |
| 增强"四个意识" | 增强"四个意识"关系我们党和国家、中华民族的前途命运。因此保护区工作人员以及代表性传承人在重大原则问题上立场是否摇摆、态度是否暧昧？是否发表同中央精神相违背的言论？是否认真贯彻、坚决执行中央大政方针和决策部署？是否无视政治纪律、组织纪律，拉帮结派、搞团团伙伙？等等，都是具体的考核指标。 |
| 做到"两个维护" | 做到"两个维护"，是坚定制度自信、坚持和完善中国特色社会主义制度的题中应有之义。因此保护区工作人员以及代表性传承人明辨大是大非立场是否特别清醒？维护民族团结行动是否特别坚定？热爱各族群众感情是否特别真挚？等等，可作为具体考核指标。 |

| 指标名称 | 指标解释 |
|---|---|
| 坚持依法保护 | 依法治国是中国共产党领导全国各族人民治理国家的基本方略。因此保护区当地政府是否制定相关的法律法规？有法不依、执法不严、违法不究等现象的年投诉量是多少？文化遗产违法案件年发生量是多少？传承人群对保护区法律法规满意度是多少？等等，可作为具体考核指标。 |
| 坚持社会主义核心价值观 | 社会主义核心价值观是社会主义的本质要求，是坚持和发展中国特色社会主义、实现中华民族伟大复兴中国梦的价值引领。因此保护区是否建设网上统一战线，形成良好网络生态？是否创作高质量作品，进学校、进机关、进企业、进社区、进村镇开展宣传活动？是否开展敦风化俗、家风家教等弘扬传统美德的活动？等等，可作为具体考核指标。 |
| 文化不平衡不充分问题 | 我国社会主要矛盾已经转化为人民日益增长的美好生活需要和不平衡不充分的发展之间的矛盾。因此保护区公共文化服务均等化状况如何？文化产品供给与文化消费是否错位？文化事业、文化产业要素能发挥是否充分？等等，应作为具体考核指标。特别是在《中华人民共和国公共文化服务保障法》出台后，公共文化服务指标体系建设已日渐完善，保护区可根据自身实际情况进行借鉴和学习。 |
| 群众急愁盼解决问题 | 走群众路线、做群众工作，全心全意为人民服务，才能赢得群众的信任和拥护。因此保护区应不断化解传承人群遇到的操心事、烦心事、揪心事，才能真正调动起群众的积极性创造性，其在指标量化上可考核的内容也较多，如在传授技术巩固脱贫成果方面，可细化为是否开展专业技能培训？是否开展网络营销？是否建设传习基地？是否搭建文创平台，等等；如为传承人群服务办实事方面，可细化为是否实现非物质文化遗产项目及代表性传承人评审"一站式"服务？是否根据非物质文化遗产企业（合作社）发展需求组建服务专家组？服务专家组每月服务企业次数？等等；再如敦风化俗方面，是否建立村史馆？是否开展家风家训搜集整理？等等。 |
| 群众共同富裕问题 | 共同富裕是中国特色社会主义的重要内容和根本目的，是社会主义最本质的规定，是建设富强民主文明和谐社会主义现代化国家的条件和要求。因此保护区应从传承人群年收入、非物质文化遗产企业（合作社）发展规模、民间文艺团队演出收益、民族村寨旅游开发、文创产品开发、非物质文化遗产与景区融合发展等方面着手，进一步设计考核指标，切实解决群众共同富裕问题。 |

| 指标名称 | 指标解释 |
|---|---|
| 坚持民族团结 | 实现中华民族伟大复兴的中国梦，就要以铸牢中华民族共同体意识为主线，把民族团结进步事业作为基础性事业抓紧抓好。2019－2021年，黔南州、荔波县和三都水族自治县先后成功创建为全国民族团结进步示范州和全国民族团结进步示范县，创建民族团结示范州（县）指标体系已非常成熟，如博物馆（纪念馆）等是否有民族团结题材的陈列展示？是否利用少数民族传统节日和重大节庆活动开展民族团结进步宣传教育？是否把民族团结教育纳入国民教育全过程？等等，因此各县市可根据自身实际情况，进一步细化并完善后，便可直接纳入水族文化生态保护区建设指标体系。 |

## 3. 文化建设

在文化建设方面，进一步完善公共文化服务体系，通过提高文化供给和服务能力，全面提高公民道德素质，丰富人民精神文化生活，增强水族文化整体实力和竞争力，使之为水族地区社会和经济的持续发展提供不竭动力。

表 2-27　水族文化生态保护区文化建设评价指标体系

| 一级指标 | 二级指标 | 变量 | 指标属性 |
|---|---|---|---|
| 文化影响力 | 科学价值 | X1 | 正向 |
| | 历史价值 | X2 | 正向 |
| | 文化价值 | X3 | 正向 |
| 文化生态资源 | 自然人文景观资源 | X4 | 正向 |
| | 非物质文化遗产资源 | X5 | 正向 |
| | 文物资源 | X6 | 正向 |
| | 宗教文化资源 | X7 | 正向 |
| | 文化典籍资源 | X8 | 正向 |
| | 民间艺术资源 | X9 | 正向 |
| | 名人文化资源 | X10 | 正向 |
| | 民俗文化研究 | X11 | 正向 |

| 一级指标 | 二级指标 | 变量 | 指标属性 |
|---|---|---|---|
| 文化设施 | 会展场馆 | X12 | 正向 |
| | 美术馆 | X13 | 正向 |
| | 文化馆（站） | X14 | 正向 |
| | 图书馆 | X15 | 正向 |
| | 博物馆 | X16 | 正向 |
| | 影剧院 | X17 | 正向 |
| | 老年活动场所 | X18 | 正向 |
| | 妇女儿童活动中心 | X19 | 正向 |
| | 青少年宫 | X20 | 正向 |
| | 科技馆 | X21 | 正向 |
| | 体育馆 | X22 | 正向 |
| | 书店 | X23 | 正向 |
| | 非物质文化遗产传习所 | X24 | 正向 |
| 发展动力 | 政策法规 | X25 | 正向 |
| | 保护规划 | X26 | 正向 |
| | 保护机构 | X27 | 正向 |
| | 专职保护与监测人员 | X28 | 正向 |
| | 公共文化服务体系覆盖率 | X29 | 正向 |
| | 文化事业投入增长率 | X30 | 正向 |
| | 文化产业占第三产业比重 | X31 | 正向 |
| | 文化消费增长率 | X32 | 正向 |
| 发展前景 | 文化品牌认知度 | X33 | 正向 |
| | 媒体宣传导向度 | X34 | 正向 |
| | 民众满意度 | X35 | 正向 |

水族文化生态保护区文化建设评价体系考核指标主要为文化事业方面

的内容，而在此方面，我国已建立的公共文化服务评估体系无疑可以提供最有力的支撑，尤其是文化和旅游部通过对全国图书馆（2017 年已开展第六次全国县级以上公共图书馆评估定级工作）和全国文化馆（2020 年启动第五次全国文化馆评估定级工作）开展评估定级工作，已形成了一整套切实可行的评价指标体系，故在水族文化生态保护区的文化建设评价中可直接取而用之，如文化馆馆舍建筑面积、人均财政拨款金额、馆内常设免费服务项目、数字服务能力、业务人员主要门类配备、业务人员职称和学历、馆办团队、志愿者队伍、群众文艺创作及辅导、理论研讨等，可直接作为文化设施中两馆一站的考核子指标。鉴于文化建设评价指标体系已较为成熟，本文不再赘述。

## 4. 社会建设

在社会建设方面，保护区应在保护和传承非物质文化遗产的基础上，以多为民谋利、多为民解忧为突破口，不断健全基本公共服务体系，从水族优秀传统文化中汲取营养，推动和谐社会建设。

表 2-28　水族文化生态保护区社会建设评价指标体系

| 一级指标 | 二级指标 | 变量 | 指标属性 |
|---|---|---|---|
| 社会基础 | GDP 增长率 | X1 | 正向 |
| | 第三产业占 GDP 比重 | X2 | 正向 |
| | 人均 GDP | X3 | 正向 |
| | 交通状况 | X4 | 正向 |
| | 商业环境 | X5 | 正向 |
| | 就业率 | X6 | 正向 |
| | 年平均收入 | X7 | 正向 |
| | 文化娱乐消费支出 | X8 | 正向 |

| 一级指标 | 二级指标 | 变量 | 指标属性 |
|---|---|---|---|
| 社会安全 | 犯罪率 | X9 | 正向 |
| | 安全事故率 | X10 | 正向 |
| | 公众对安全感满意率 | X11 | 正向 |
| | 公众对和谐社会发展满意率 | X12 | 正向 |
| 社会保障 | 社会保险 | X13 | 正向 |
| | 社会救助 | X14 | 正向 |
| | 社会优抚 | X15 | 正向 |
| | 社会效应 | X16 | 正向 |
| 社会教育 | 城镇中大专以上人口比重 | X17 | 正向 |
| | 农村中高中以上人口比重 | X18 | 正向 |
| | 非物质文化遗产进校园情况 X19 | 正向 | |
| | 青少年热爱/参与程度 X20 | 正向 | |

**表 2-29　水族文化生态保护区社会建设评价指标解释**

| 指标名称 | 指标解释 |
|---|---|
| 社会基础 | 保护区的 GDP 增长率、第三产业占 GDP 比重、人均 GDP、交通状况、商业环境、就业率、年平均收入、文化娱乐消费等内容直接体现了社会发展状态，其可考核内容较多，如在交通状况方面，城乡公路路网覆盖率、公共交通规划完备程度、公共交通站点覆盖率、公共交通车辆万人保有量、公共交通机动化出行分担率等内容，均可设定为具体的考核子指标。 |
| 社会安全 | 保护区内犯罪率、安全事故率、公众对安全感满意率、公众对和谐社会发展满意率等内容是整个社会是否和谐发展最直观的表现，具体考核指标量化可根据各地实际情况设置，如安全事故率方面，每百万人交通事故死亡率、每百万人火灾事故死亡率、每百万人工伤事故死亡率、安全故事上升率与当地经济增长速度比率、安全事故直接财产损失占当年度GDP 比率等内容，则可更进一步作为考核子指标。 |

| 指标名称 | 指标解释 |
|---|---|
| 社会保障 | 保护区内社会保险、社会救助、社会优抚、社会效应均是社会保障考核的重要内容，其中，社会保险的子指标可细化为：保险覆盖率、保险实征率、社保基金充足率、社保基金支出占 GDP 比重等内容；社会救助的子指标可细化为：社会救助率、救助水平达标率等内容；社会优抚的子指标可细化为：每万人的社会保障机构数、每年人拥有医生数、人均福利支出费用、九年义务教育失学率等内容；社会效应的子指标可细化为：失业率、社保基金收入占 GDP 的比重、社会保障财政拨款占财政支出的比重、社保基金增值率、人均社保支出占人均收入的比重等内容。 |
| 社会教育 | 保护区内城镇中大专以上人口比重、农村中高中以上人口比重、非物质文化遗产进校园情况、青少年热爱/参与程度均是社会教育考核的重要内容，此考核指标亦可根据实际情况进一步细化，如在非物质文化遗产进校园方面，是否开设非物质文化遗产课程？是否编写非物质文化遗产教育校本教材？是否有活动场地？是否有文化长廊等宣传窗口？是否开展非物质文化遗产活动？等等，均可作为子指标进行具体考核。 |

## 5. 生态文明建设

在生态文明建设方面，应加大自然生态系统和环境保护力度，加强水族地区生态文明制度建设，努力实现绿色发展。

表 2-30　水族文化生态保护区生态文明建设评价指标体系

| 一级指标 | 二级指标 | 变量 | 指标属性 |
|---|---|---|---|
| 生态资源 | 自然保护区 | X1 | 正向 |
| | 风景名胜区 | X2 | 正向 |
| | 生态保护区 | X3 | 正向 |
| | 森林公园 | X4 | 正向 |
| | 地质公园 | X5 | 正向 |
| | 自然遗产地 | X6 | 正向 |
| | 自然生态面积占保护区面积比例 | X7 | 正向 |

| 一级指标 | 二级指标 | 变量 | 指标属性 |
|---|---|---|---|
| 生态社会 | 绿色 GDP 比重 | X8 | 正向 |
| | R&D 经费支出占 GDP 比重 | X9 | 正向 |
| | 义务教育普及率 | X10 | 正向 |
| | 村庄环境宜居程度 | X11 | 正向 |
| | 社会保障覆盖率 | X12 | 正向 |
| | 生态环境案件发生率 | X13 | 正向 |
| 生态保护 | 森林覆盖率 | X14 | 正向 |
| | 人均绿地面积 | X15 | 正向 |
| | 区域能源综合利用率 | X14 | 正向 |
| | 珍稀濒危物种保护率 | X15 | 正向 |
| | 空气质量优良天数比率 | X16 | 正向 |
| | 水质达标率 | X17 | 正向 |
| | 水土流失治理率 | X18 | 正向 |
| | 污染土壤修复率 | X19 | 正向 |
| | 石漠化治理率 | X20 | 正向 |
| | 三废（污水、垃圾、污染物）处理达标率 | X21 | 正向 |
| | 生态补偿率 | X22 | 正向 |
| 生态制度 | 国土空间开发与文化保护制度 | X23 | 正向 |
| | 资源开发与利用制度 | X24 | 正向 |
| | 生态保护制度 | X25 | 正向 |
| | 工作考核制度 | X26 | 正向 |

| 一级指标 | 二级指标 | 变量 | 指标属性 |
|---|---|---|---|
| 发展前景 | 优秀传统生态文化利用率 | X27 | 正向 |
| | 优秀传统文化与现代农业融合度 | X28 | 正向 |
| | 优秀传统文化与旅游产业融合度 | X29 | 正向 |
| | 宣传教育普及率 | X30 | 正向 |
| | 民众满意度 | X31 | 正向 |

**表 2-31　水族文化生态保护区生态文明建设评价指标解释**

| 指标名称 | 指标解释 |
|---|---|
| 生态资源 | 水族文化生态保护区内自然生态资源丰富。因此，自然保护区、风景名胜区、森林公园、地质公园、自然遗产地、自然生态面积占水族文化生态保护区面积比例等内容均应纳入评价体系。为便于考核，这些均指标可根据实际情况进一步设定具体评价指数，如在自然保护区方面，保护区数量、保护区级别、保护区人均占有面积等内容均可设计为子指标。 |
| 生态社会 | 生态社会本质是人类群体共同主动为构建人和自然和谐发展提供良好社会环境和保障体系。因此，保护区内绿色 GDP 比重、R&D 经费支出占 GDP 比重、义务教育普及率、社会保障覆盖率、生态环境案件发生率、村庄环境宜居程度等内容均应纳入评价体系，而且这些指标还可进一步细化，如社会保障覆盖率可分解为交通覆盖率、通讯覆盖率、医疗设施覆盖率等子指标；村庄环境宜居程度可分解为生活改善指数、乡风文明指数、村容整洁指数、管理民主指数等子指标；生态环境案件发生率可分解为重特大突发环境事件、造成恶劣社会影响的其他环境污染责任事件、严重生态破坏责任事件等子指标。 |
| 生态保护 | 生态保护是以新发展理念为指引，通过人为干预，处理好人和自然关系，实现可持续发展的一个手段。因此，保护区内森林覆盖率、人均绿地面积、区域能源综合利用率、珍稀危物种保护率、空气质量优良天数比率、水质达标率、水土流失治理率、污染土壤修复率、石漠化治理率、三废处理达标率、生态补偿率等均应纳入评价体系。由于生态保护考核指标体系已较为成熟，因此对于石漠化治理率、三废处理达标率、生态补偿率等内容均有一整套完整的指标可参考借鉴，各县市可根据自身实际情况进行学习借鉴。 |

| 指标名称 | 指标解释 |
|---|---|
| 生态制度 | 保护区内的各县市政府是否制定国土空间开发与文化保护制度？制度中是否明确划分主体功能区和生态功能区？是否制定自然资源与文化资源开发利用制度？是否制定自然和文化生态保护制度？是否制定涵盖了环境保护、环境污染责任追究、环境污染损害赔偿等内容的工作责任制度？等等，均是评价的重要内容。 |
| 发展前景 | 水族文化生态保护区生态文明建设不仅要实现"生态美"，还要实现"文化兴、百姓富"的目标，因此，保护区内优秀传统生态文化利用率、优秀传统文化与现代农业融合度、优秀传统文化与旅游产业融合度、宣传教育普及率、民众满意度等内容，均应纳入评价体系。 |

## 6. 指标测算

### 6.1 标准化处理

由于每个指标的单位不同，指标的数据之间不具有可比性，所以需要对原始数据进行无量纲化处理，一般有中心化、标准化、归一化、比重法等处理方法，min－max归一化法能够对原始数据进行线性变换，将其映射到 [0，1] 之间。

$$X' = \frac{x - \min}{\max - \min}$$

上式中，min是样本的最小值，max是样本的最大值。

### 6.2 确定指标权重

第一步：将数据进行归一化处理。

第二步：计算第 j 个指标下第 i 个项目的指标值的比重。

$$P_{ij} = \frac{Y_{ij}}{\sum_{i=1}^{n} Y_{ij}}$$

第三步：计算第 J 项指标的熵值。

$$E_j = -\ln(n)^{-1} \sum_{i=1}^{n} p_{ij} \ln p_{ij}$$

第四步：计算各指标的信息熵

$$E_1, E_2, \cdots, E_k$$

通过信息熵计算出各项指标的权重。

$$W_i = \frac{1 - E_i}{k - \sum E_i}(i = 1, 2, \cdots, k)$$

## 6.3 测算综合得分

线性加权法是一种评价函数方法，是按各目标的重要性赋予其相应的权系数，然后对线性组合进行寻优的求解多目标规划问题的方法，其基本公式如下：

$$Z = \sum_{i=1}^{n} w_i x_i$$

上式中，$z$ 为被评价事物得到的综合评价值，$w_i$ 为评价指标的权数，$x_i$ 为指标的评价值，$n$ 为评价指数个数。

# 第三章　黔南水族文化生态资源

黔南布依族苗族自治州是我国 30 个少数民族自治州之一，成立于 1956 年 8 月，地处中国西南部、贵州省中南部。黔南水族主要聚居于三都水族自治县、都匀市、荔波县和独山县，福泉市亦有少量分布，其中三都水族自治县是全国 117 个少数民族自治县中唯一的水族自治县，聚居着全国约 57％的水族，是水族的大本营。

## 第一节　水族自然生态

### 1. 地理生态优越

黔南地处云贵高原东南向广西丘陵过度的斜坡地带，地势西北高，东南低，喀斯特地貌分布较多，平均海拔 997 米。山地高原为主，红水河、都柳江流经，横亘于黔南州境内的苗岭是长江水系与珠江水系的分水岭。作为水族核心聚居区，三都水族自治县地处"月亮山、雷公山"腹地，流域面积 20 平方公里以上的河流便有 43 条，穿境而过的都柳江是县内最大的河流，也是珠江的重要支流，长 83.5 公里，落差 197 米，流域控制面积为 1673 平方公里，占全县总面积 70.2％。目前，黔南境内有国家级自然保护区 1 处、国家湿地公园建设试点 8 个、国家森林公园 7 个、省级森林公园 3 个、省级湿地自然保护区 1 处、县级自然保护区 16 处、县级森林公园 1 个，全国森林旅游示范县 4 个，全国生态文化村 8 个，全国森林康养基地试点建设单位 4 个，省级森林小镇建设试点 4 个，而三都水族自治县一直是贵州省最为重要的十个重点林区县之一。《黔南州 2020 年国民经济和社会发展统计公报》数据显示，全州当年完成林地流转 19.92 万亩、林木收储 18.3 万亩、现有林改培 1.28 万亩、中幼林抚育 1.53 万亩，完成营造林 40 万亩、森林覆盖率达 65.8%；全州 259 个集中式饮用水源地全部完成规范化建设，水族地区地表水水质优良（达到或优于Ⅲ类）率为 100%，其中水族聚居的三都水族自治县、都匀市、荔波县、独山县的县级集中式饮用水水源地水质达标率均为 100%。

水族地区自然环境质量大幅提升，进一步推动长江珠江上游绿色屏障建设持续向好。

## 2. 气候生态良好

黔南属典型的亚热带温暖湿润的季风气候，州内平均海拔 997 米，冬无严寒、夏无酷暑、雨热同季。据 2020 年统计数据显示，全州城市环境空气质量均达到二级标准，环境空气质量优良天数比例达到 99.7%，其中 PM10 平均浓度为 29 微克/立方米，PM2.5 平均浓度为 18 微克/立方米。其中，三都水族自治县因自然环境良好、气候温润，境内负氧离子浓度达每立方厘米 1 万—5 万个，曾荣获"中国森林氧吧""中国生态魅力县"等称号。

## 3. 物种资源多样

黔南土地以山地和丘陵为主，境内植物茂盛，动物繁多，资源丰富，其中，三都水族自治县林木种质资源便达 124 科 388 属 1050 种（不含草本）。

被誉为生物资源"基因库"的荔波县茂兰国家级自然保护区，便位于云贵高原向广西丘陵盆地过渡的斜坡地带上，茂兰国家级自然保护区现有国家一级保护植物 8 种、国家二级保护植物 139 种及兰科植物 119 种，有特种植物 41 种，一些濒临灭绝的孑遗物种在这里还保存完好，如被誉为植物界的"大熊猫"的单性木兰，在全世界几乎灭绝的情形下，在茂兰国家级自然保护区还保存着 2 万余株。此外，保护区还有脊椎动物 334 种，其中鸟类 15 目 40 科 143 种，兽类 8 目 24 科 61 种，爬行类 3 目 10 科 39 种，两栖类 2 目 8 科 34 种，鱼类 5 目 10 科 39 种，昆虫 1468 余种，其中有国家一级保护动物 5 种、国家二级保护动物 100 余种。由于特殊的植物多样性、食物链结构、栖息环境等原因，还产生了许多动物新种和特有种，到目前为止，已经发现的茂兰动物特有种达 200 余种。

# 第二节　水族文化生态

## 1. 民族团结和睦

黔南布依族苗族自治州是我国 30 个少数民族自治州之一，境内民族达 43 个。据统计数据显示，2019 年①，全州城镇常住居民人均可支配收入 33969 元，比上年增长 9.1%；全州农村常住居民人均可支配收入 12876 元，同比增长 8.1%；而水族核心区——三都水族自治县，2019 年城镇居民可支配收入 31226 元，增长 8.8%；农村居民人均可支配收入 11214 元，增长 11.4%，这对于一个深度贫困县而言，其经济和社会发展可谓日新月异。在各族人民的共同努力下，黔南地区生产总值年均增速 9.4%，高于全国全省平均水平，经济发展综合测评持续保持全省前列，经济总量在全

---

① 因三都县人民政府官网未公布《三都水族自治县 2020 年国民经济和社会发展统计公报》，故此处统一采用政府官网已布的《黔南州 2019 年国民经济和社会发展统计公报》和《三都水族自治县 2019 年国民经济和社会发展统计公报》统计数据。

国 30 个少数民族自治州的排名由第 6 位上升到第 3 位。截至 2020 年，全州 10 个贫困县均相继摘帽，其中，三都、罗甸 2 个深度贫困县提前一年摘帽退出，全州 92.93 万农村建档立卡贫困人口全部脱贫，完成 24.73 万贫困群众易地扶贫搬迁任务，解决绝对贫困问题，实现从解决温饱、总体小康到全面小康的历史性跨越。

黔南各族人民团结和睦、凝心聚力、同心同向，取得了骄人的成就：2019 年 1 月，黔南州成功创建为全国民族团结进步示范州；2019 年 12 月，荔波县成功创建为全国民族团结进步示范县；2021 年 1 月，三都水族自治县成功创建为全国民族团结示范先进县。目前，全州共有国家级民族团结进步示范单位 11 个，国家级民族团结进步教育基地 2 个，省级民族团结进步示范单位 130 个，州级民族团结进步示范单位 2127 个，数量居全省第一，民族团结和睦指数连续多年保持 100%。

## 2. 文化事业蓬勃发展

"十三五"期间，黔南共争取各级民族经费 35528 万元，用于支持民族地区基础设施建设、公共服务水平提升及特色产业发展，落实支持自治州每年 1 个亿、自治县 2000 万、民族乡 50 万的政策，建成乡村农体工程 1589 个，培育民间文艺队 873 支，创建省级以上文明村镇 98 个，仅 2019 年便建设易地扶贫搬迁安置点综合性文化服务中心 77 个、新时代文明活动中心 56 个，建设图书室 79 个、乡愁馆 36 个，设置宣传栏 357 个，配置文体活动中心设施 240 套，完成村（社区）综合性文化服务中心 1058 个，文化院坝、文化长廊、文体广场 266 个，并通过"政府支持、社会资助、村民建管"方式，统筹利用闲置土地、老旧房屋及原有设施，新建改造乡愁馆、陈列室等，截至 2020 年底，村级文化设施建设实现全覆盖，培塑乡村民族文化旅游村寨 100 余个。目前，三都水族自治县 238 个行政村已实现农家书屋全覆盖，信息资源共享工程网络得到全面普及；多彩贵州"广电云"户户用工程在 2020 年新增用户 3000 户，应急广播实现行政村全面覆盖；组织 9 个农村公益电影放映队，深入 86 个村和易地扶贫搬迁安置点开展公益电影放映，年放映电影约 1000 场，解决了水族地区群众看电影难的问题，公共文化服务体系日渐完善，文化事业蓬勃发展。

### 3. 文化生态资源丰富

黔南民族文化丰富多彩，有斗牛赛马、吹芦笙、敲铜鼓、赛龙舟等各具特色的民族习俗，主要的民族节日有布依族的三月三、六月六；苗族的四月八、苗年；水族的端节、卯节；毛南族的火把节；瑶族的"盘王节"等等，其文化特征可归纳为布依族文化的丰富性、苗族文化的独特性、水族文化的唯一性、瑶族文化的典型性。

在漫长的历史长河中，水族先民创造了自己的语言、文字、历法，形成了自己独特的习俗、信仰、节日等，这里有被誉为中国象形文字的活化石——水书，有被誉为中国刺绣艺术的活化石——水族马尾绣，有世界上最长的年节——水族端节，有都江怎雷、九阡水各、普安高硐、拉揽排烧等一批特色旅游村寨，有历史遗迹都江古城垣、水龙引朗石板墓群，还有中共一大代表邓恩铭同志的故居、荔波县红七军会师旧址等红色遗址。目前，水书习俗、水族端节、水族马尾绣、水族剪纸、旭早 5 项非物质文化遗产已列入国家级非物质文化遗产名录，黔南水族墓群已列入全国重点文物保护单位，水族马尾绣获"国家地理标志保护产品"称号，水书国际编码提案在向国际标准化组织申报，水书文献档案正在申报《世界记忆遗产名录》。

### 4. 水族文化艺术异彩纷呈

黔南依托底蕴深厚的水族文化，精心打造了水族歌舞剧《水家人》、舞剧《木楼古歌》等系列文艺作品，先后获得贵州省少数民族文艺会演奖项，形成了一批集聚地方民族文化特色的精品。2016 年，音乐舞剧《水家人》获第六届贵州省文艺奖三等奖；2016 年，《旭皋》获中国西南民歌大赛获"十佳表演奖"第二名；2017 年，水族舞蹈《铜鼓祭》获全国舞蹈大赛"荷花奖"银奖；2017 年，中央民族歌舞团将《木楼古歌》遴选进京展演，成为党的十九大后我省首个进京展演的精品剧目。

"幸福进万家·文化精品乡村行"成功申报为国家公共文化示范项目。

水族纪录片《过端》获第三届加拿大金枫叶国际电影最佳纪录片，水族纪录片《绣》获第 26 届中国纪录片学术盛典十佳作品。

## 5. 文化遗产保护卓有成效

按照"统一领导、分工协作、分级负责、共同参与"的原则，黔南州对区域内地上地下和水中文物进行调查和复查，截至 2020 年底，共有建档可移动文物 15133 件，其中一级文物 9 件、二级文物 28 件、三级文物 302 件、一般文物 752 件；登记在册不可移动文物 1864 处，其中全国重点文物保护单位 5 处、省级文物保护单位 56 处、州级文物保护单位 50 处、县级文物保护单位 270 处、一般不可移动文物（未列保）1482 处。其中，中国共产党第一次全国代表大会代表、中国共产党的创始人之一邓恩铭烈士就是水族最优秀的代表，其于 2009 年被中央宣传部、中央组织部等 11 个部门评为"100 位为新中国成立做出突出贡献的英雄模范人物"之一，其故居于 2021 年 6 月被中央宣传部命名为"全国爱国主义教育示范基地"。

坚持"充分发动、全面调查、深入村居、多方采录"，发挥文化协管员、村居"五老"和非遗专家作用，利用各类文化志愿者的资源，引导社会组织、院校参与，开展"不漏村居、不漏线索"的"拉网式"调查，全面对非遗项目做"体验"、写"家谱"，出版了《黔南州民间文艺集成》（七套）《水书·正七卷》《水书·丧葬卷》《中国水族医药宝典》《水族村落家族文化》《水书六十龙备要》《水书吉星卷》《黔南水族民间禁忌研究》《水族百年实录》《黔南州水书传承研究》《水族马尾绣》等著作，研发"水文字输入系统 V1.0"获得国家知识产权局登记。目前，还建成了集宣传展示于一体的"互联网＋民族团结云"平台、黔南州非物质文化遗产大数据平台，并启动水族马尾绣、水书习俗、水族剪纸等非物质文化遗产数字化采集工作，实现由传统保护向数字化保护的转化。由于调查深入、研究扎实，水族非物质文化遗产在申报方面也是成果丰硕，截至 2020 年底，共有国家级非物质文化遗产名录 5 项、省级非物质文化遗产名录 26 项、州级非物质文化遗产名录 28 项、县市级非物质文化遗产名录 56 项，共有水族非物质文化遗产国家级代表性传承人 3 人、省级代表性传承人 12 人、州级代表性传承人 32 人、县级代表性传承人 403 人，非物质文化遗产总量位居贵州省第一方阵。

随着非物质文化遗产保护工作不断引向深入，曾经留守于边远水族村寨中的普通绣娘也迅速成长起来，将指尖技艺转化为指尖经济，成为当地脱贫攻坚中的一支生力军，由于助农增收业绩突出，水族马尾绣国家级代表性传承人韦桃花于 2019 年入选全国非遗年度人物前 30 强、获贵州省脱贫攻坚优秀共产党员称号；水族马尾绣国家级代表性传承人宋水仙于 2018 年当选第十三届全国人大代表、2020 年入选全国非遗年度人物，成长为水族非物质文化遗产创造性转化和创新性发展的领头羊。

### 6. 文化产业创新发展

黔南聚焦刺绣、印染、银饰、陶艺等工艺品研发生产需求，制定《黔南州民族旅游工艺品开发与利用工作措施》《黔南州关于贯彻落实民族贸易和民族特需商品定点生产企业信贷优惠政策的实施意见》等政策，对列入国家级和省级文化创意旅游商品开发产业化项目、州级以上文创大赛获奖作品和非遗产品产业化项目进行贷款贴息，对市场前景好的民族旅游工艺品企业无偿提供销售场所或补贴销售场地租金，对完成代理销任务的商家按销售额 1‰奖励（单笔不超过 20 万元），推动民族文化商品化发展，将指尖技艺变成指尖经济。截至 2020 年底，共有民贸企业 536 家，在"十三五"期间累计获得优惠贷款 396 亿元，贴息资金 11 亿多元，三都水族自治县蜡染传承人张义琼依托政策扶持，带动三都水族自治县妇女就业 260

余人，带领群众种植蓝靛 26700 亩，创收 1.335 亿元，帮助 5460 户农户增收，成为脱贫攻坚的重要力量。

2018 年至 2020 年，黔南以"民族文化＋旅游""民族文化＋美食""民族文化＋体验"为切入点，共策划 80 多个地方特色美食，推出独山虾酸牛肉、荔波瑶山辣子鸡、都匀冲冲糕等黔南特色十佳名菜肴、十佳名小吃，打造特色美食商业街区 50 余条，培育黔南美食品牌店 100 余家、示范店和小吃店 200 余家。目前，黔南州建成文化产业园区 12 个，文化市场主体 6700 余家，文创产品、旅游商品企业达 350 余家，文创旅游产品 700 余款，文化企业 2500 余家，文化产业增加值由 2015 年的 38 亿元增加到 2018 年的 55 亿元，年均增长 10％以上，全州文化产业增加值占生产总值比重达 4.4％，位居全省第一。

# 第三节　水族文化生态的制约因素

## 1. 不良文化侵蚀

随着互联网时代的到来，以家族和血缘为基础、以文化为纽带构建的水族传统乡土社会开始受到外来文化的强势冲击，水族山乡就像打开了一扇窗，在迎来了阳光的同时，细菌也悄无声息地渗透进来，特别是在网络传播自由度较高的今天，低俗文化、垃圾文化、落后文化借助现代科技传播技术，对水族文化生态造成污染，并对水族传统文化载体进行侵蚀。

## 2. 农耕文化土壤萎缩

水族文化根植于农耕文明，但是随着打工潮的兴起，水族村寨已是人去寨空，留守人员多为老弱病残，由于传统农耕仅能糊口，而留守人员也不再适宜重体力劳动，曾经备受水族群众珍视的农田仿佛在一夜间就变得可有可无，特别是在城镇化不断推进、土地流转不断深入的情况下，水族传统文化赖以生存的农耕文化土壤日渐萎缩。

### 3. 传承链条断裂

水族文化能够传承千百年，主要依赖于其牢固的世界观、价值观和审美观，以水书为例，其不仅仅是一种文字，更是水族的道德准绳和行为规范，因此能够学习水书者，必具备品德高洁、正直公平，且甘愿付出的品质，这也是过去水书传承人大多清贫，但却一直深受水族群众敬重，上门拜师学习者络绎不绝的重要原因。然而，随着社会的发展，经济效益成为衡量成功的重要标准，年轻人往往因为学习水书没有经济收益而放弃，如今纵然是师傅主动免费传道授业，能坚持学习水书者已是寥寥无几，以独山县为例，该县仅有的两位水书习俗省级代表性传承人韦光荣和韦光礼直至过世，都没有再培育出一个满意的弟子，其家族秘传数百年的水书已然是人亡艺绝。

随着传承人逐渐老去，水族文化的传承链条已然面临断裂的危险，独山县遭遇的传承危机在黔南乃至全国均非个案。

### 4. 文化资源利用不科学

水族非物质文化遗产不仅是水族人民的智慧结晶，同样是前人留给我们的巨大财富。充分挖掘和利用文化资源，推动文化与旅游深度融合，是水族文化发展的必由之路。然而在具体的实施过程中，由于对文化缺乏了解、缺乏尊重，简单粗暴地对文化与旅游进行捆绑，为满足游客的"猎奇"心理进行开发，对文化资源利用不科学的现象时有发生，其中以2016年1月1日三都水族自治县举办的"水族千神部落封神大典"最具代表性。在接受香港商报网记者采访时，三都旅游发展公司总经理曾自豪地描绘了纂一本《新一千零一夜》、演一台《新封神榜》、出一部《新聊斋志异》的发展思路，随着66座形象怪异的大型鬼怪雕塑落户姑鲁水寨景区，水族的精气神不仅没有体现出来，相反将一个灵秀的水族村寨硬生生地打造成了一座子虚乌有的鬼城。

## 5. 文化经费投入不足

水族地区非物质文化遗产资源丰富，还有很多未得到有效挖掘、整理和保护，许多还散落在民间，亟须开展抢救性保护，然而由于经济发展相对滞后，黔南至今未设立专门的非物质文化遗产保护专项经费，工作经费主要依靠国家和省级非物质文化遗产保护专项经费，而且在实际工作中，上级保护经费被挤占挪用的现象依旧存在。

鉴于纳入国家级和省级非物质文化遗产保护名录的项目毕竟是少数，这就导致全面开展非物质文化遗产资源挖掘保护、宣传展示、合理利用缺乏经费保障，工作的深度、广度和力度远远不够。

## 6. 文化产业发展不充分

由于起步晚、投入少等因素，目前水族非物质文化遗产方面的文创产品研发还比较薄弱，仅以知名度最高、扶持力度最大的水族马尾绣为例，至今仍旧以小规模民营企业或家庭手工艺作坊为主，力量分散，产品研发、市场开拓均未形成合力，大多处于初级、分散、小规模的发展阶段，距离知识型、智能型、创新型的企业发展方向仍有较大差距，产业链短、产品层次低、经济效益差。

# 第四章　水族文化生态保护总体规划

## 第一节　建设背景

2006 年，在《国家"十一五"时期文化发展规划纲要》中，我国首次提出建立"10 个国家级民族民间文化生态保护区"，对"以保护非物质文化遗产为核心，对历史文化积淀丰厚、存续状态良好，具有重要价值和鲜明特色的文化形态进行整体性保护；并经文化部批准设立的特定区域"进行整体性保护。文化生态保护区建设将非物质文化遗产保护工作从静态和单体的保护上升到动态和整体性的保护，是我国在世界范围内为非物质文化遗产保护提供的一个具有开创意义的中国实践方案。

2010 年，《文化部关于加强国家级文化生态保护区建设的指导意见》下发施行，在第五部分"国家级文化生态保护区建设的基本措施"第一条"科学制定文化生态保护区总体规划"中明确指出"制定总体规划是建设文化生态保护区的前提条件"。

2019 年 3 月 1 日，《国家级文化生态保护区管理办法》正式颁布施行，第二章"申报与设立"第九条指出"申报国家文化生态保护区，应当提交下列材料：（一）省级人民政府文化主管部门设立国家级文化生态保护区的申请和省级人民政府同意申请的相关文件；（二）文化生态保护区规划纲要；（三）省级人民政府文化主管部门组织的专家评审论证意见；（四）本省（区、市）内实行文化生态区域性整体保护的相关文件；（五）其他有关材料。"由此可见，申报国家级文化生态保护区最核心的要件为"文化生态保护区规划纲要"。

2021 年 4 月 8 日，文化和旅游部办公厅下发《关于开展 2021 年度国家级文化生态保护实验区建设成果验收工作的通知》，明确验收内容为"总体规划落实和建设目标实现情况"，因此，以水族非物质文化遗产为核心，科学制定黔南水族文化生态区保护总体规划，是设立并建设好水族文化生态保护区的基础，其对于推动水族非物质文化遗产的整体性保护和传承发展，维护水族文化生态系统的平衡和完整；对于提高水族群众的文化自觉，建设中华民族共有精神家园，增进民族团结，增强民族自信心和凝聚力；对于促进水族经济社会全面协调和可持续发展，均具有重要的意义。

## 第二节　指导思想与原则

在《文化部关于加强国家级文化生态保护区建设的指导意见》中，明确了国家级文化生态保护区的指导思想为：建设国家级文化生态保护区要以科学发展观为指导，认真贯彻非物质文化遗产保护工作"保护为主、抢救第一、合理利用、传承发展"的指导方针。在文化生态保护区的建设工作中，应坚持以保护非物质文化遗产为核心的原则，坚持人文环境与自然环境协调、维护文化生态平衡的整体性保护原则，坚持尊重人民群众的文化主体地位的原则，坚持以人为本、活态传承的原则，坚持文化与经济社会协调发展的原则，坚持保护优先、开发服从保护的原则，坚持政府主导、社会参与的原则。

随着我国社会主义事业进入新时代，建设国家级文化生态保护区的指导思想也不断得到丰富和完善，2019 年 3 月 1 日《国家级文化生态保护区管理办法》正式施行，明确规定"国家级文化生态保护区建设要以习近平新时代中国特色社会主义思想为指导，充分尊重人民群众的主体地位，贯彻新发展理念，弘扬社会主义核心价值观，推动中华优秀传统文化创造性转化、创新性发展。""国家级文化生态保护区建设应坚持保护优先、整体保护、见人见物见生活的理念，既保护非物质文化遗产，也保护孕育发展非物质文化遗产的人文环境和自然环境，实现'遗产丰富、氛围浓厚、特色鲜明、民众受益'的目标"，在习近平新时代中国特色社会主义思想的指导下，水族文化生态保护区建设的方向更清晰、路径更明确，更具新时代气息。

## 第三节  规划编制依据

水族文化生态保护区总体规划编制依据可大致划分为以下四个层面：

### 1. 国际层面

《保护世界文化和自然遗产公约》《保护非物质文化遗产公约》，等等。

### 2. 国家层面

#### 2.1  已颁布施行的主要法律法规

《中华人民共和国自然保护区条例》《中华人民共和国森林法》《中华人民共和国环境法》《中华人民共和国环境影响评价法》《中华人民共和国野生植物保护条例》《中华人民共和国野生动物保护法》《中华人民共和国文物保护法》《中华人民共和国土地管理法》《中华人民共和国城乡规划法》《历史文化名城名镇名村保护条例》《中华人民共和国非物质文化遗产法》《中华人民共和国公共文化服务保障法》《中华人民共和国公共图书馆

法》《中华人民共和国旅游法》，等等。

## 2.2 已下发实施的主要文件

《国务院关于加强文化遗产保护的通知》《国务院办公厅关于加强我国非物质文化遗产保护工作的意见》《文化部关于加强国家级文化生态保护区建设的指导意见》《中共中央关于深化文化体制改革推动社会主义大发展大繁荣若干重大问题的决定》《文化部关于加强非物质文化遗产生产性保护的指导意见》，等等。

## 2.3 文化和旅游部已制定的部门规章

《艺术档案管理办法》《博物馆管理办法》《文物认定管理办法》《乡镇综合文化站管理办法》《艺术品经营管理办法》《营业性演出管理条例实施细则》《国家级文化生态保护区管理办法》《国家级非物质文化遗产保护与管理暂行办法》《国家级非物质文化遗产代表性传承人认定与管理办法》，等等。

## 3. 省级层面

《贵州省生态环境保护条例》《贵州省文物保护条例》《贵州省非物质文化遗产保护条例》《贵州省公共文化服务保障条例》《贵州省公共图书馆条例》，等等。

## 4. 州级层面

《黔南布依族苗族自治州关于加强非物质文化遗产保护的通知》《黔南布依族苗族自治州非物质文化遗产代表性传承人管理办法》《黔南布依族苗族自治州水书文化保护条例》《黔南布依族苗族自治州民族民间文化传承与发展行动方案》《黔南布依族苗族自治州非物质文化遗产传承人队伍建设方案》，等等。

# 第四节　总体规划保护对象

文化生态保护区的建设，是根据同一性质的区域文化特点，选定传统文化保存得相对完整，在生产方式、生活方式和观念形态等方面具有一定代表性，在价值观、民间信仰以及诸多具体文化表现形式方面具有突出特点的人群聚居空间给予特别的关注，使这一特定地区传统的物质及非物质文化遗产能够得到有效的保护和健康的传承。[①] 因此，水族文化生态保护区总体规划的保护对象应以水族非物质文化遗产名录项目、代表性传承人及传承人群为核心，具体内容如下：

1. 水族非物质文化遗产名录项目，包括保护区内已列入国家级、省级、州级、县级的水族非物质文化遗产名录项目；未纳入四级保护名录，但在水族非物质文化遗产普查中发现的线索项目。此外，尤其需要关注与水族相互关联的其他民族的非物质文化遗产名录项目，因为在水族文化生态保护区内，水族并不是孤立存在的，而是与其他民族相互交融、共同发展，在一些区域内，其他民族的非物质文化遗产同样会对水族群众的生产生活产生较大影响，因此在水族文化生态保护区建设中，不应只将目光盯在"水族"二字上，与其相关的文化事项均应作为保护对象。

2. 水族代表性传承人及传承人群，主要为保护区内已列入国家级、省级、州级、县级的水族非物质文化遗产名录项目代表性传承人，除此之外，在水族聚居区域内自发开展文化传承的群体性传承人群，以及优秀歌师、匠人、绣娘和民间社会团体等亦是保护重点。

3. 水族文化遗产载体，包括保护区内水族文物古迹、水族传统村落、

---

①刘魁立. 文化生态保护区问题刍议［J］. 浙江师范大学学报（社会科学版），2007（3）：9—12.

原始宗教场所、文化娱乐场所、水族档案、水书古籍等。

此外，与水族生产生活息息相关的自然生态亦是重要的保护对象。

# 第五节　总体规划任务

以水族非物质文化遗产为核心的水族文化生态保护区，其保护的主要对象是创造和传承水族文化遗产的人及其赖以生存的自然和社会生态环境。因此，建设水族文化生态保护区就是要实现人与自然环境、人与社会环境的和谐相处，从而实现文化自觉、生态良好、文明自信的人类命运共同体的终极建设目标。

"总体规划"的概念来自于城市规划学科，在《城市规划基本术语标准》GB/T50280-98 中，城市总体规划是指"对一定时期内城市性质、发展目标、发展规模、土地利用、空间布局以及各项建设的综合部署和实施措施"。2021 年，文化和旅游部办公厅下发《关于开展 2021 年度国家级文化生态保护实验区建设成果验收工作的通知》，明确国家级文化生态保护实验区验收的主要内容为"总体规划纳入国民经济与社会发展总体规划，与城乡建设规划、生态保护等专门规划衔接情况；承担国家级文化生态保护区建设工作的机构履职情况；保护方式与保护措施落实情况；建设资金投入使用情况；结合重大国家战略，助力乡村振兴、与国家文化公园建设衔接、促进文化和旅游融合发展等其他建设情况"，据此结合《国家级文化生态保护区管理办法》关于文化生态保护区的申报要求进行分析，基本可以确定水族文化生态保护区总体规划任务就是在黔南水族聚居区域内，以非物质文化遗产为核心，对水族文化资源与文化生态的历史、现状进行分析，确定水族文化及其承载场所的自然环境、社会人文环境的保护方向、发展目标，确定建设目标与工作原则、保护对象与内容、保护范围与重点区域、保护方式与保护措施、分期实施方案与保障措施等内容，对保护区与国民经济和社会发展的协调发展进行综合部署和具体安排，规划内容不仅要凸显水族文化的民族性、地域性和独特性，还要实现推动人与自然的和谐共处，提升水族非物质文化遗产在当代的生命力和可持续发展力，促进水族非物质文化遗产传承实践成为广泛的社会自觉，与水族地区社会经济协调发展的目标。

## 第六节　总体规划内容

### 1. 规划要求及路径

《国家级文化生态保护区管理办法》对国家级文化生态保护区的申报和设立进行了规范，第九条明确指出："申报国家级文化生态保护区，应当提交下列材料：（一）省级人民政府文化主管部门设立国家级文化生态保护区的申请和省级人民政府同意申请的相关文件；（二）文化生态保护区规划纲要；（三）省级人民政府文化主管部门组织的专家评审论证意见；（四）本省（区、市）内实行文化生态区域性整体保护的相关文件；（五）其他有关材料。"由此可见，文化生态保护区规划纲要的编制是申报国家级文化生态保护区的基础。《国家级文化生态保护区管理办法》对于文化生态保护区规划纲要的编制内容进一步做出明确，第十条指出："文化生态保护区规划纲要由省级人民政府文化主管部门、相关地区人民政府负责编制。"第十一条指出："文化生态保护区规划纲要包括下列内容：（一）对文化形态形成的地理环境、历史沿革、现状、鲜明特色、文化内涵与价值的描述和分析；（二）保护区域范围及重点区域，区域内县级以上非物质文化遗产代表性项目、文物保护单位、相关实物和重要场所清单等；（三）建设目标、工作原则、保护内容、保护方式等；（四）保障措施及保障机制；（五）其他有关资料。"由此可见，国家级水族文化生态保护区申报，需由黔南州文化主管部门牵头编制《黔南水族文化生态保护区规划纲要》，然后由黔南州人民政府向贵州省文化主管部门提出设立申请，并递交《黔南水族文化生态保护区规划纲要》，贵州省文化主管部门组织专家进行评审论证后，再由贵州省人民政府向文化和旅游部提出设立申请，并提交《黔南水族文化生态保护区规划纲要》、专家评审论证意见，以及贵州省实行文化生态区域性整体保护的相关文件，自此申报工作流程才彻底结束，而待文化和旅游部评审通过并同意建立后，才会由贵州省文化主管部门牵头启动《黔南水族文化生态保护区总体规划》编制工作，而文化和旅游部最终审定并批复同意总体规划的时间，则直接取决于总体规划的编制质量。综上所述，我们可以简单地表述为，规划纲要由保护区所在地文化主管部门具体负责编制，是决定能否成功申报为国家级文化生态保护区的关键，而总体规划则是在成功申报为国家级文化生态保护区后，在规划纲要的基础上进一步细化形成，是建设文化生态保护区的唯一准绳。

为便于理解，在此以热贡文化生态保护区为例。热贡文化生态保护区于 2008 年 8 月成功申报为国家级文化生态保护实验区，历经两年多的时间，《热贡文化生态保护区总体规划》才获文化部正式批复同意，成为我国第一个正式批复实施的国家级文化生态保护区总体规划，该规划以热贡地区非物质文化遗产保护为核心，在调查研究、统筹协调和科学论证基础上，根据非物质文化遗产类型、结构及其空间分布特征，对非物质文化遗产的基质本性及其文化生态系统的整体性保护，突出非物质文化遗产资源的独特价值、文化内涵和民族特色、地方特色，同时在体现人与自然和谐相处、文化遗产保护与区域经济社会全面协调发展要求的基础上进行科学编制，主要包括了基础调查与理论研究、文化资源与文化生态的现状分析；文化生态保护区的建设目标、工作原则与保护内容；文化生态保护区保护范围与重点区域；文化生态保护区的保护方式、保护与保障措施以及分期实施方案等内容。

《热贡文化生态保护区总体规划》的成功经验对于编制《水族文化生态保护区总体规划》具有重要的借鉴价值，尤其是领衔编制该总体规划的周建明先生专门梳理的《热贡文化生态保护区规划技术路径图》，对于指导下一步黔南水族文化生态保护区建设工作的有序开展意义重大。

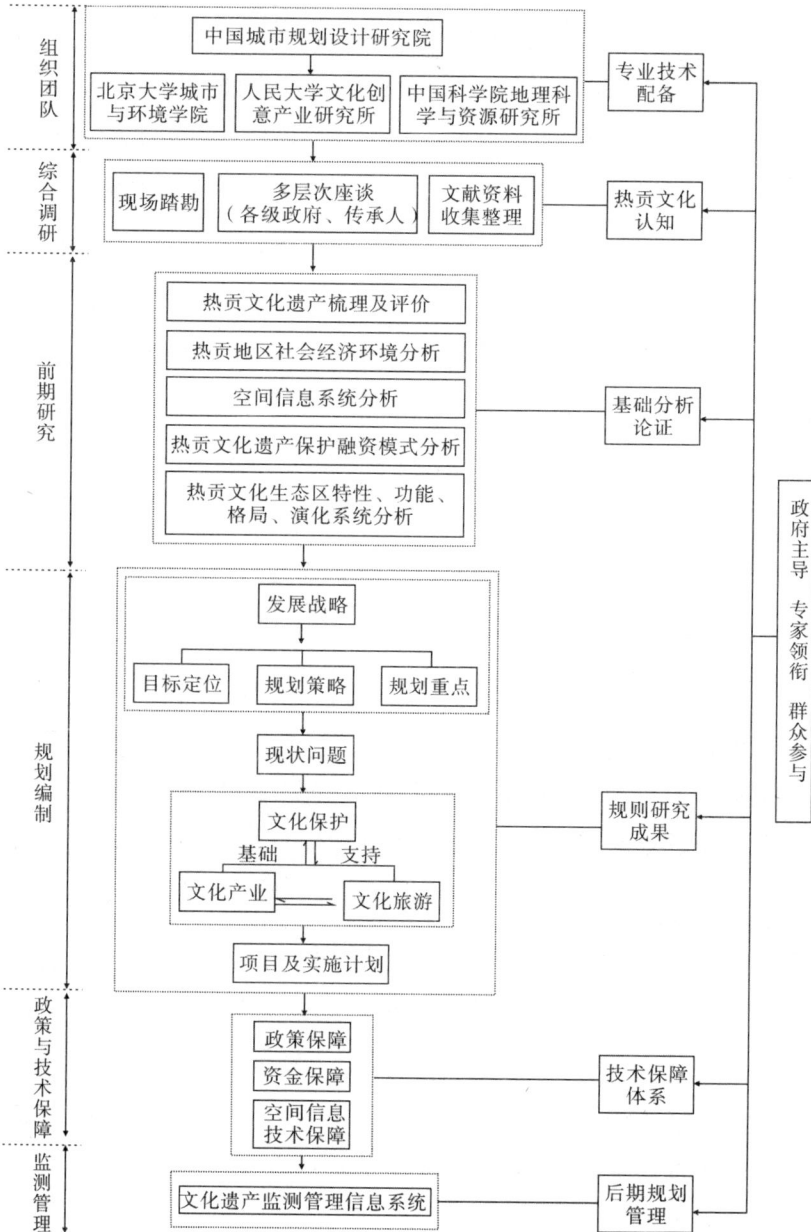

## 2．总体规划框架

2018 年 12 月，《文化部办公厅关于加强国家级文化生态保护区总体规划编制工作的通知》正式下发，对总体规划编制工作做出了更加详细的要求，强调总体规划的编制"应以《国家级文化生态保护实验区规划纲要》和全面、深入的调查研究为基础""应以'保护非物质文化遗产'为核心，坚持'保护为主、抢救第一、合理利用、传承发展'的方针，以促进非物质文化遗产传承和营造良好氛围、维护文化生态平衡的整体性保护为重点""应纳入保护区所在地区的国民经济和社会发展规划、城乡建设规划，应与相关的生态保护、环境治理、土地利用、旅游发展、文化产业等各类专门性规划相衔接"，并专门制作了《国家级文化生态保护区总体规划文本内容提纲》，对编制内容进行规划。

总体规划编制是一项系统而重大的工程，需由专业团队共同努力协作完成，故本文仅结合文化部批复实施的《热贡文化生态保护区总体规划》《黔东南民族文化生态保护区总体规划》等国家级文化生态保护区总体规划进行综合提炼，以期为读者勾勒出水族文化生态保护区总体规划的大致框架。

### 水族文化生态保护区总体规划框架

一、规划总则

1．水族文化生态保护区建设的背景及意义

2．水族文化生态保护区规划指导思想与原则

3．水族文化生态保护区规划编制依据与规划性质

4．水族文化生态保护区规划范围与期限

二、文化资源与文化生态分析

1．水族地区地理环境

2．水族历史沿革

3. 水族文化的表现形式与特征

4. 水族文化内涵与价值分析

5. 水族文化生态评估

三、总体思路

1. 规划思路

2. 规划基本原则

3. 规划主要目标

4. 规划任务

四、保护对象与保护内容

1. 水族非物质文化遗产资源调查及研究

2. 四级水族非物质文化遗产名录项目建设

3. 四级水族非物质文化遗产代表性传承人、传承团体、传承人群保护

4. 水族非物质文化遗产文化空间保护以及传习基地、生产性示范基地、非遗扶贫工坊建设

5. 水族非物质文化遗产教育传承

6. 水族非物质文化遗产民俗节庆活动

7. 水族非物质文化遗产宣传交流

8. 水族非物质文化遗产理论研究

9. 水族非物质文化遗产数字化保护

五、保护范围与重点区域

1. 水族文化分布特征

2. 一般传播区域划定与保护措施

3. 核心传播区域划定与保护措施

六、生产性保护与合理利用

1. 传统手工技艺的传承发展

2. 传统表演艺术的传承发展

3. 与旅游结合的合理利用

七、营造有利于文化遗产保存、生存和发展的环境

1. 营造有利于文化遗产保存、生存和发展的社会环境

2. 发挥人民群众文化遗产保护的主体作用

3. 加强非物质文化遗产基础设施建设

4. 培养非物质文化遗产专业人才

八、社会经济协调规划

1. 保护利用与发展策略

2. 产业协调与重点项目发展规划

3. 空间规划协调措施

九、分期实施方案

1. 分期（近期、中期、远期）目标与建设内容

2. 近期项目库建设与年度实施计划

十、保障措施

1. 工作机制保障

2. 政策法规保障

3. 经费保障

4. 机构及人才保障

十一、规划图件

1. 保护区地理位置与行政区域图

2. 保护区区位关系图

3. 保护区自然生态与文化景观图

4. 保护区一般传播区与核心传播区关系图

5. 水族非物质文化遗产资源分布图

6. 水族非物质文化遗产代表性传承人及传承团体分布图

7. 物质文化遗产分布图

8. 保护区核心区域图

9. 水族非物质文化遗产保护建设项目分布图

10. 保护区规划总图

11. 保护区文化生态重建规划总图

12. 保护区空间保护利用协调规划图

13. 经济发展引导规划图

14. 土地利用协调规划图

15. 城乡居民点协调规划图

16. 水族非物质文化遗产利用规划图

17. 水族文化生态保护区远期建设图

18. 水族文化生态保护区中期建设图

19. 水族文化生态保护区近期建设图

十二、附录

1. 四级水族非物质文化遗产名录目录表

2. 四级水族非物质文化遗产名录简介

3. 四级水族非物质文化遗产代表性传承人及传习状况

4. 水族非物质文化遗产生产性示范基地、非遗就业工坊、传习基地等目录表

5. 主要物质文化遗产目录

6. 主要自然遗产目录

7. 主要珍贵档案文献目录

8. 重大民俗节庆活动

9. 相关学术研究机构、学术研究成果

鉴于黔南水族文化生态保护区目前处于申报的关键阶段，笔者将在下一章节中，按照国家级文化生态保护区规划纲要的相关要求，尝试着手编制《黔南水族文化生态保护区纲要》，以便于读者更直观地了解水族文化生态保护区如何申报，以及需在哪些方面开展建设工作。

# 第五章　黔南水族文化生态保护规划纲要

《国家级文化生态保护区管理办法》要求，"申报国家级文化生态保护区，应当提交下列材料：……文化生态保护区规划纲要"。鉴于黔南水族文化生态保护区已成功申报为贵州省省级文化生态保护区，而且列入贵州省优先推荐申报国家级文化生态保护区的客观现实，《黔南水族文化生态保护区规划纲要》的编制应为现阶段工作的重中之重，故笔者在本章节中按照"对文化形态形成的地理环境、历史沿革、现状、鲜明特色、文化内涵与价值的描述和分析；保护区域范围及重点区域，区域内县级以上非物质文化遗产代表性项目、文物保护单位、相关实物和重要场所清单等；建设目标、工作原则、保护内容、保护方式等；保障措施及保障机制；其他有关资料"的编制内容要求进行逐项编制，以期为今后更科学地开展《黔南水族文化生态保护区规划纲要》编制，更全面地开展黔南水族文化生态保护区建设，提供一个前期的探索性支撑。

## 第一节　指导思想

以习近平新时代中国特色社会主义思想为指导，全面贯彻党的十九大和十九届二中、三中、四中、五中全会精神，紧紧围绕统筹推进"五位一体"总体布局和协调推进"四个全面"战略布局，紧扣我国社会主要矛盾的变化、高质量发展要求，坚定文化自信，坚持以文化为引领，贯彻新发展理念，构建新发展格局，弘扬社会主义核心价值观，推动水族文化创造性转化、创新性发展。充分尊重人民群众的主体地位,坚持科学规划、突出保护、古为今用、强化传承、优化布局、合理利用的基本原则,高质量建设黔南水族文化生态保护区。

# 第二节　地理环境

## 1. 黔南布依族苗族自治州

黔南布依族苗族自治州位于贵州省南部,是全国 30 个少数民族自治州之一,成立于 1956 年 8 月,地处中国西南部、贵州省中南部。全州土地总面积 2.62 万平方公里,下辖 2 市 9 县 1 自治县,自治州首府驻都匀市。州内居住有汉、布依、苗、水、毛南、瑶等 43 个民族,全州总人口 420 万人,其中少数民族人口约占 59%。

黔南地处云贵高原东南部向广西丘陵过度的斜坡地带,地势西北高,东南低,平均海拔 997 米。山地高原为主,红水河、都柳江流经,横亘于黔南州境内的苗岭是长江水系与珠江水系的分水岭。拥有世界上同纬度仅有的保存完好的喀斯特森林地貌。黔南年平均气温 13.8℃～19.8℃,平均降雨量 1109mm～1406mm。冬无严寒、夏无酷暑、雨热同季,属典型的亚热带温暖湿润的季风气候。

黔南土地以山地和丘陵为主,土层深厚,湿润有机质含量高。境内植物茂盛,动物繁多,资源丰富,为开发农业、林业、牧业、渔业和其他种养业提供优越的自然条件。全州现有耕地 721 万亩,森林面积 2000 多万亩,森林覆盖率达 64.2%。州内野生植物 1800 余种,其中药用植物 1000多种,具有重要开发价值的有天麻、杜仲、三七、艾纳香等 58 种名贵中药材;野生动物 570 多种。黔南州有丰富的矿产资源,已探明的有磷、煤、锑、锌、水晶石、猫眼石、辉绿岩等 40 种。其中，磷矿的储量达 30 亿吨以上，被称为"亚洲磷都"，瓮福矿肥基地是亚洲最大的磷矿肥基地；罗甸县玉石矿带面积 118 平方公里，品质媲美新疆和田玉，将建设成为"中国白玉之都"。黔南江河交错，水系发达，有中小河流 200 多条，是珠江、长江"两江"上游生态屏障，水力资源丰富。

　　黔南是贵州的南大门，位于大岭南和大西南两大地理单元的重要节点，具有"东经湘赣通沪浙，南下两广接港澳，西过云南连东盟，北上川渝进西北"的独特区位优势，是大西南面向华南、岭南的交通咽喉，也是南下出海最近的通道。途经黔南的贵广高铁、沪昆高铁、黔桂铁路、湘黔铁路构成了连通西南、西北与华南、岭南的大动脉；境内有厦蓉高速、兰海高速、沪昆高速等高速路网的联通，实现了"县县通高速"；内河航运可直通长江、珠江两条黄金水道；西南成品油管道、中缅油气管道横贯黔南州，荔波机场开通贵阳、广州等地航班，州府都匀市到贵阳龙洞堡机场仅需 1 小时，形成了集铁路、公路、水运、航空、管道运输于一体的现代综合交通体系。同时，环贵阳地缘优势明显，是贵州省环贵阳（黔中经济区核心）县（市）最多的地区，7 个县（市）纳入黔中经济区，6 个县（市）与贵阳毗邻。

## 2. 水族所在地理环境

　　水族主体群落主要定居于云贵高原苗岭山脉以南珠江水系的都柳江和龙江上游分水岭一带，按行政区域划分即为今天的黔南布依族苗族自治州的三都水族自治县、荔波县、独山县、都匀市以及黔东南苗族侗族自治州的榕江县、雷山县等地，处于东经 107°30′～109°、北纬 25°～26°之间。据全国第六次全国人口普查，水族总人口为 411847 人，其中，有 348746 人聚居于贵州省，占全国水族总人口的 84.68%，有 269865 人聚居于黔南州布依族苗族自治州，占全国水族总人口的 65.53%。

　　水族聚居区地貌形状大致有三种类型：深切割的中山地貌类型、岩溶地貌低山丘陵盆地类型、低山地貌丘陵河谷类型，均处于石漠化的生态环境中。

水族地区森林覆盖率高，省林业厅发布的 2017 年度森林覆盖率统计数据显示，三都水族自治县森林覆盖率达 70.86%，荔波县森林覆盖率达70.38%，有 1 个世界自然遗产地、1 个国家级自然保护区，2 个国家级风景名胜区，3 个国家级森林公园。都匀市为国家级优秀旅游城市。

# 第三节　历史沿革

## 1. 黔南布依族苗族自治州历史沿革

黔南辖地历史源远流长，自古以来就是少数民族先民居住的区域。据文献资料记载，早在殷、周时期，境内就已有许多部族活动，分属牂牁、夜郎等方国，在现黔南州福泉市还保存着古夜郎国的遗迹"竹王城"。秦汉时期，州境为象郡、牂牁郡所属的且兰、母敛等县。唐朝之后，中央王朝加强对少数民族地区的统治，唐宋元明时期，在州境内设立了羁縻府、州、县、峒、卫、所。元代黔南开始推行土司制度，境内分属八番顺元等处宣慰都元帅府、都云定云安抚司、新天葛蛮安抚司、播州宣慰司和庆云南丹安抚司，至明代贵州建省前，黔南地域主要设置了卫所军事机构，黔南分属于贵州卫、龙里卫、平越卫、都匀卫、新添卫、定番州等。明弘治年间，贵州推行"改土归流"，部分土司统治地区改设府（县）。如都匀府、独山州、荔波县等。雍正四年，清政府在黔南境内强行大规模推行"改土归流"，废除土司世袭的安抚司、长官司等，代之以流官统治，撤销"卫所"等军事地域，将其并入府州厅县等行政区域，黔南地区分属于贵阳府、都匀府、程番府和平越府。民国 3 年（公元 1914 年），将清代的府、州、厅、县一律改称县。1935 年，国民党中央军进入贵州后，改组了省政府，改设行政督察区，黔南州地域分属于第一、第七和第十一行政督察区。1948 年，全省又重新划分为 7 个行政督察区及省直辖区。今黔南州地域内的惠水、长顺、龙里、贵定 4 县隶省直辖区；独山、平塘、罗甸、荔波、都匀、三都、平越 7 县隶第二行政督察区，专员公署驻独山；瓮安县隶第五行政督察区，专员公署驻遵义。

1949 年 11 月 15 日，中国人民解放军解放都匀县城，随即成立独山专区，专员公署设于都匀县城，辖民国时期的第二行政督察区的 12 个县，即都匀、独山、平塘、罗甸、三都、荔波、平越、麻江、丹寨、黎平、榕江、从江，当时的瓮安、贵定、龙里、惠水和长顺 5 县隶属贵阳专区。1952 年，独山专区改称都匀专区，贵阳专区改称贵定专区，专员公署移驻贵定县，撤销惠水县，改设惠水县夷族苗族自治区。1953 年 6 月，平越县改称福泉县。1954 年，惠水县夷族苗族自治区改称惠水县布依族苗族自治区，这是黔南境内设置的第一个民族自治区。同年，罗甸县也改称罗甸布依族自治区。至黔南布依族苗族自治州成立前夕，都匀、三都、独山、平塘、荔波、福泉 6 县隶属都匀专区；贵定、龙里、瓮安、长顺、惠水、罗甸 6 县隶属贵定专区。

1956 年 8 月 8 日黔南布依族苗族自治州正式成立。同时，撤销都匀、贵定二专区，将原都匀专区所属望谟、册亨、安龙、贞丰 4 县，原贵定专区所属罗甸、长顺、惠水 3 县及原属安顺专区的紫云、镇宁 2 县划入黔南布依族苗族自治州，全州共辖 14 县。1957 年 1 月 2 日，由三都县及荔波、都匀、榕江、独山等县部分地区合并设立三都水族自治县，黔南布依族苗族自治州辖 13 县、1 个自治县。1958 年，撤销都匀县，改设都匀市。自治州人民委员会驻地都匀市。将惠水县划归贵阳市，安龙、镇宁 2 县划归安顺专区，原属安顺专区的瓮安、贵定 2 县划入黔南布依族苗族自治州。撤销荔波县并入独山县；撤销平塘县并入兴仁县；撤销册亨县并入安龙县。黔南布依族苗族自治州辖 1 市、11 县、1 个自治县。1961 年，恢复荔波、平塘、紫云、龙里、福泉等 5 县。黔南布依族苗族自治州辖 1 市、11 县、1 自治县。1962 年，撤销都匀市恢复都匀县。黔南布依族苗族自治州辖 12 县、1 自治县。1963 年，原属贵阳市的惠水县和原属安顺专区的贞丰、册亨、安龙 3 县划入黔南布依族苗族自治州，辖 16 县、1 自治县。1965 年，将贞丰、册亨、安龙、望谟 4 县划归兴义专区. 紫云县划归安顺专区。黔南布依族苗族自治州辖 11 县、1 个自治县。1966 年，复设都匀市。黔南布依族苗族自治州人民委员会驻都匀市，辖 1 市、11 县、1 自治县。1996 年，撤销福泉县设立福泉市，以原福泉县的行政区域为福泉市的行政区域。

至 2020 年 11 月，黔南布依族苗族自治州辖 2 个县级市、9 个县、1 个自治县和 1 个经济开发区，即都匀市、福泉市、荔波县、平塘县、龙里县、独山县、瓮安县、贵定县、惠水县、长顺县、罗甸县、三都水族自治县和都匀经济开发区。各县（市）共计辖 79 个镇、19 个街道办事处、8 个乡（4 个民族乡中有 2 个为水族乡）。

## 2. 水族历史沿革

对于水族的来源，民间和学术界有殷人后裔说、百越（两广）源流说、江西迁来说、江南迁来说等说法，实际上都是针对水族发展史上某一时段或某一分支而论，都有一定的历史性与合理性。

水族先民秦汉以前生活在岭南一带，经历了数百年比较稳定的发展，后由于战争影响，被迫迁徙至今黔桂边境的都柳江、龙江上游，到了唐代逐步发展成为单一民族。开元年间，唐朝在今黔桂交界的环江一带设置主要安抚水族先民的羁縻抚水州，这是中央王朝对自称水族群的确认，标志水族以单一民族身份跻身于中华民族之林。据《唐书·地理志》、《唐书·南蛮传》载："贞观三年，东谢蛮首领谢元深入朝……以其地在应州，拜元深为刺史，领黔州都督府""贞观三年，以东谢首领谢元深地置县五：都尚、婆览、应江、陀隆、罗恭""开元中，置莪、劳、抚水等羁縻州"。据考证，应州即属下都尚县的治地为今三都水族自治县上江镇；婆览县治地为今三都县恒丰乡，后世称为水婆；应江县治地为榕江县平永乡；陀隆县治地为台江；罗恭县治地为雷山县。宜州背面的抚水州在今广西北部的环江一带。从贞观三年至开元年间（629－741 年）的一百余年间，唐王朝相继在水族地区设置经制应州，羁縻抚水州、莪州、劳州、环州，以及都尚县、婆览县、应江县、罗恭县、抚水县、京水县、多逢县、古劳县等建制。这对推动水族成为单一民族，促进水族地区政治经济和文化发展都产生了深远影响。元朝至元二十九年正月（1292 年），设陈蒙烂土军民安抚司；清朝雍正九年七月（1731 年），置都江厅通判，即今三都水族自治县都江镇；民国二年十二月（1913 年），都江厅改称都江县，三脚州同改称三合县。民国三十年二月（1941 年），贵州省政府将都江、三合两县合并，设三合镇；1949 年 12 月 6 日三都解放，1950 年 1 月 14 日三都县人民政府成立。1956 年 9 月 11 日，国务院第 37 次全体会议通过《关于撤销三都县、松桃县和设置三都水家族自治县、松桃苗族自治县的决定》，决定在原三都县的基础上，将周边荔波县的周覃、九阡，榕江县新华、水尾，都匀县的基场、潘洞以及独山县的林桥、翁台等部分水族聚居区划归三都县，成立三都水家族自治县。之后在筹建自治县时，大部分水族代表认为"水家"易与"水家崽"这一带有歧视性质的字眼混淆，向国务院申请将"水家族"更名为"水族"。1956 年 2 月 21 日，经国务院批复，水家族正式更名为水族。1957 年 1 月 2 日，三都水族自治县正式成立，县治设三合镇。

新中国成立后，黔南境内除设立三都水族自治县外，另在都匀市、荔波县和独山县水族聚居区设立了 9 个水族乡，即都匀市奉合水族乡、阳河水族乡、基场水族乡；荔波县水利水族乡、水尧水族乡、永康水族乡；独山县甲定水族乡、翁台水族乡、本寨水族乡境；2014 年，根据全国乡镇行政区划调整要求，7 个水族乡分别与周边乡镇合并，现仅设有都匀市归兰水族乡和荔波县黎明关水族乡。

关于水族族称，新中国成立前，见于各种汉文献史籍的有水家苗、水仲家、水家夷、水家等称谓。至国务院批准成立三都水族自治县后，族称才正式确定为水族。

# 第四节　文化背景

## 1. 黔文化

黔是贵州省的别称。"贵州"名称，始于宋朝。开宝七年（公元 974 年），土著首领普贵以控制的矩州归顺，宋太祖《谕普贵敕》："惟尔贵州，远在要荒。"这是以贵州之名称此地区的最早记载。作为省级行政区划名称则是在永乐十一年（公元 1413 年），思州、思南二宣慰使长年争战，不听朝廷劝谕而被"改土归流"，以其地分置 8 府的基础上设置"贵州承宣布政使司"，贵州作为省名从此缘袭迄今。清代前期，贵州的行政建置有较大的变化。雍正五年（公元 1727 年），将四川所属遵义府及其所属各县改隶贵州，同时，将毕节以北的永宁全境划归四川，将广西红水河、南盘江以北之地置永丰州，与广西的荔波、湖广的平溪、天柱一并划归贵州管辖。至此，贵州的疆域格局基本形成。清末，贵州建置设有 12 府、2 直隶厅、13 州、13 厅、43 县。

自战国秦汉以来，在历史发展过程中，贵州部分或大部分地区，于秦代辖于黔中郡、南北朝辖于黔州、隋朝辖于黔安郡、唐朝辖于黔中道、宋朝辖于黔南路、民国辖于黔中道，"黔"便成为贵州的简称。历史上某个时期，"黔中"、"黔南"也曾作为贵州的别称。今贵州之地一直被称作"黔"，形成源远流长、一脉相承的"黔"文化。

明清时期，包罗少数民族及汉族的黔文化形成一种独具特色的地域文化形态。以"黔"为题名的著述构成包罗万象的系列，主要有：王士性撰

《黔志》、郭子章辑《黔类》、郭子章撰《黔记》、文安之《黔记》，清代田雯撰《黔书》、张澍撰《续黔书》、李宗昉撰《黔记》、吴振棫撰《黔语》、犹法贤撰《黔史》、傅玉书辑《黔风》等。

以少数民族为主体的"苗疆文化"是清代黔文化的重要内容。

苗族是一个古老的民族，主要分布在贵州、湖南、湖北、云南、四川和广西壮族自治区等广阔地域。元、明、清时期，苗族聚居地区建立了许多大大小小的土司。清代"改土归流"过程中，贵州、湘西等苗族分布地区是封建统治者治理少数民族的重点，由此而生"苗疆"一语，并成为西南少数民族地区的一个概称。

清雍正年间，"苗疆"作为特别区域名称，开始大量出现在官方文献中。《世宗实录》卷三十一记载雍正三年四月十三日，兵部复议："云贵总督高其倬条奏苗疆事宜。"这是较早见于官方纪录中的"苗疆"一词。在雍正、乾隆、嘉庆三代《实录》中，"苗疆"一语在"上谕""奏疏""议复"等文牍中俯拾皆是，成为官方界定的专指区域名称，有特定的含义。

清代西南地区，"新疆"曾是新开辟的"苗疆"的同义语。乾隆九年（公元1744年）九月，贵州总督兼管巡抚事务张广泗疏称："黔省新疆之古州、上江、下江、朗洞、清江、台拱、丹江等镇、协、营兵月粮……"从雍正六（公元1728年）年起，清政府在苗疆连年用兵，于八年（公元1730年）在贵州设置丹江、八寨、都江、古州、清江、台拱六厅，即所谓"新疆六厅"，或称"苗疆六厅"，其中都江厅就位于现三都水族自治县都江镇。

在清代，"苗疆"虽然不是正式地理、行政区划名称，但却是被官方经常使用并赋予特别含义的惯用语。

清代"苗疆"地域广阔，"周及三千余里，千有三百余寨，古州距其中，群砦环其外"。"苗疆要区"主要分布在贵州黔南布依族苗族自治州、黔东南苗族侗族自治州、黔西南布依族苗族自治州以及安顺、六盘水、铜仁松桃等地。由于贵州是苗疆中心区，因而"黔苗"之称屡见不鲜。史籍中记载的"苗疆"地域中的"苗民"种类繁多,所谓"苗",不仅仅指苗族,还包括同一地区内居住的其他民族。"仲家苗"是今日布依族,"水家苗"是今水族,"仡佬苗"是今仡佬族。清代,由于在改土归流过程中,"苗"是治理的重点,影响最大,因而"苗"就成为西南少数民族的泛称,有时也作为南方少数民族代名词。

正是由于"苗疆"成为举世瞩目的热点,一系列有关"苗疆"的著作应运而生,如方显撰《平苗纪略》、严如煜撰《苗防备览》、徐家干撰《苗疆闻见录》,等等。

清代,以表现少数民族风情为题材的《黔苗图》和"黔省竹枝词",是"苗疆文化"最具代表性的两种类型的传世之作。

黔苗图又称"苗蛮图""百苗图"。清康熙三十六年(公元1697年)刊刻的卫既齐修、薛载德等纂《贵州通志》卷三十《蛮僚》收录31种蛮僚图像,是目前所见最早的"黔苗图"。乾隆皇帝平定"苗疆"后,命大学士傅恒于乾隆十六年(公元1751年)开始主持编纂著名的《皇清职贡图》,贵州省民族图像共有41种。在《皇清职贡图》影响下,出现了"黔苗图"绘制热潮。研究者认为原任八寨理苗同知陈浩所作《八十二种苗图并说》最具代表性。目前收藏国内外的"黔苗图"多达数十种。最早的"苗蛮图"出现在贵州,所绘内容为贵州"苗疆"分布的少数民族,包括水族,也包括其他民族;包括曾经设置土司的民族,也包括曾经"不相统属"的"生苗"。黔苗图是清代贵州少数民族衣饰及生产、生活等风情场景的真实写照。

竹枝词是借鉴民歌体裁的一种诗体,以反映地方民俗风情为主要内容。清代歌咏贵州民族地区的竹枝词主要有:康熙时期的田榕《黔苗竹枝词》;乾隆时期的齐周华《苗疆竹枝词》和余上泗《蛮峒竹枝词》;嘉庆时期的舒位《黔苗竹枝词》、吴振棫《黔苗杂咏》、孔昭虔《乌蛮竹枝词》;道光时期的张澍《黔苗竹枝词》、毛贵铭《西垣黔苗竹枝词》;清末的王锡晋《黔苗竹枝词》、易梧冈《黔苗竹枝词》、司炳煃《盘江苗女竹枝词续前》、乔子木《盘南苗俗竹枝词》、吴仰贤《黔中苗彝风土吟》、颜嗣徽《牂牁竹枝词》、李世钧《苗俗杂咏》和刘韫良《牂牁苗族杂咏》等。

历史上多民族的交融以及省际地域交错，造就了黔文化"丰富多彩"的特征。黔文化是贵州传统文化中独具特色的文化形态，其具有代表性的少数民族风情文化，历史悠久、古朴淳厚、丰富多彩、和谐共生、活态传承。

## 2. 黔南民族文化

黔南布依族苗族自治州辖地历史源远流长，是多民族聚居地，民族风情古朴浓郁，人民热情好客，民族文化多姿多彩。布依族风情的典型性、苗族风情的多样性、水族风情的唯一性、瑶族风情的神秘性、毛南族风情的特殊性，构成了黔南民族民情民俗大观园。邓恩铭故居、"猴场会议"会址、红军"突破乌江"战斗遗址、深河桥抗日战争文化园等构成了独具特色的红色文化。黔南山青峰奇、风光绚丽，名胜古迹众多，旅游资源十分丰富，拥有世界自然遗产地 1 处、5A 级旅游景区 1 个、4A 级旅游景区十个、3A 级旅游景区 39 个；拥有国家级自然保护区 1 个、国家级森林公园 7 个、省级森林公园 3 个、国家级湿地公园建设试点 8 个；荔波世界自然遗产地、茂兰世界生物圈保护区 1 个、樟江 5A 风景名胜区、都匀"全球绿色城市"、三都水族文化、平塘"天书、天眼、天坑"奇观、罗甸"中国长寿之乡"等等，构成了独具核心竞争力的生态人文景观。

## 3. 黔南水族文化

水族从古至今都是以农耕、渔猎为主的民族，从江河湖海迁徙到龙江、都柳江上游山区后，其聚居地又多依山傍水，生产生活相对富足、稳定，由此形成了以骆越文化为主体，并吸收了西南山区其他少数民族文化和汉族文化而形成的一种具有水族特色的多元一体文化系统。

# 第五节  水族文化保护区主要资源

该部分系整个《纲要》中最为重要的部分，因为其直接展示水族文化生态保护区与其他文化生态保护区的区别，因此需最大限度地体现水族文化的丰富性、独特性和唯一性。对于水族文化资源的表述根据分类的不同，可有多种表述方式，此处采用了以非物质文化遗产申报工作中的十个类别进行分类介绍，并在此基础上重点介绍最具特色的水书和水族历法的方法。当然在具体编制《纲要》时此方法可能不再适用，可根据实际情况斟酌确定。

## 1. 文化资源

水族文化资源十分独特、丰富多彩，在非遗的十个类别中，列入四级非遗保护名录的水族非遗项目已实现了全覆盖。

进入国家级层面的部分水族文化：

国家级非遗：水书习俗、水族端节、水族马尾绣、旭早、水族剪纸；

国家重点文物保护单位：黔南水族墓群；

国家珍贵古籍名录：79 册（水书）；

中国传统村落：54 个；

国家节日影像志：水族端节、水族卯节、水族霞节。

水书档案于 2021 年正式申报世界记忆亚太地区名录。

## 1.1  水语、水书

水族有本民族的语言文字，水语属汉藏语系壮侗语族侗水语支。水语的声母、韵母系统比较复杂，是同语族中声、韵母最复杂的语种之一，但水语内部一致性大，差异性小，没有方言之分，只有土语之别。汉藏语系的水语，声韵母十分复杂，声母有 71 个，而壮语、侗语、布依语、傣语等声母只有 22~30 个。水语和汉语的同源词相当多，保留了中原大量的古语音，被称为"母语遗存"现象。世界著名语言学家、中国第一位留美语言博士、第一位语言院士李方桂出版水语两本专著，认定汉语水语关系是："本皆同源，历时久而差异遂增。"南开大学教授曾晓喻等语言专家认定，水语与汉语的关系是：同源—分化—接触—吸收。

水书（水文）主要保留在水书手抄卷本中，民间钱币、碑刻、刺绣品、木刻、陶瓷等器物也保留有一些水文。水书保留着图画文字、象形文字、抽象文字兼容的特征。目前能识读的水文单字有 800 多个，相当一部分已失传，加上异体字约为 2500 余字。2002 年，国家档案中央档案馆将水书列入首批中国档案文献遗产名录，作为重点民族古籍进行收藏，至今已有 79 册水书入选中国档案文献遗产名录。2006 年，水书习俗被列入首批国家级非物质文化遗产名录。目前，黔南州人民政府已启动水书申报世界记忆遗产的工作。

水族文字、水书抄本典籍、水书先生在水书文化中是三位一体的依存关系。水族社会的水书先生，是水族文字和水书文化的传承人；用水族文字书写成的水书抄本典籍，是水族人民的精神支柱，是水族文字赖以生存与发展的载体；用水族语言认读的水族文字符号，是水族精神和水族文明的主要象征。

## 1.2 水族历法

水族人民创造了自己的历法，即水历。水历正月叫"月端""端月"（相当于农历八、九月）。从岁首建戌看，水历主要吸收秦汉历法，并在此基础上有所发展。元代以后，水历吸收了阴阳合历的概念，并增加了天干地支和五行。它把一年分为四季，每季有三个月，十二个月为一年，与农历有许多相似之处。但在月的安排上，大月为 30 天，小月为 29 天，共

354 天，比回归年少 11 天，因而采用 19 年置 7 闰的方法弥补所少的天数，闰月一般置于水历九月之后（农历五月）十月之前。在纪年上，水书又用六十甲子和二十八宿从甲子和虚日鼠开始相配纪年和纪元，即甲子虚日鼠、乙丑危月燕、丙寅室火猪……如此循环相配，经过四百二十年后（即第四百二十一年）又回到甲子虚日鼠，完成一个上元，中元又从甲子虚日鼠开始再次相配，下元也一样，完成一个大元，共一千二百六十年……如此循环，周而复始，用来纪历。

水历也采用以北斗七星为主的星象文化系统，也用十二月建，全年分为 12 个月，大月 30 天，小月 29 天，一年 364 天，与太阳回归年相关的天数用置闰月的办法来弥补。古水历至今还在使用，一年分冬春（夏）两季。水书分成四季。

水族历法是典型稻作物候历，如端节庆贺稻谷丰收，卯节预祝稻作丰收，是天文学上划分季节的重要依据，意义重大。

## 1.3　民间文学与曲艺类

水族民间文学十分丰富，分散文体及韵文体两大类，均为口头文学，因为水文属于未成熟文字，还不能对应记录语言，未发现水文记录书写版本，但有汉字翻译本及汉字记音本。

民间文学是水族文化的重要组成部分，其题材广泛而又充满幻想，反映了水族人民朴素的世界观、价值观和审美观。

水族散文体民间文学可分为神话故事、民俗故事、风物故事、爱情故事、机智故事、动植物故事、善恶故事、起义故事、革命故事等类别。

其中《人类起源》《雷龙虎人争天下》《牙线造人的故事》《渖虽的来历》《石宝马》《简大王的传说》《石门怒火》等作品为代表。

水族韵文体民间文学属歌谣类，可分为以古歌、酒歌、双歌、单歌、苋歌、调歌、丧葬歌、谚语、祝词、诘哦讶（诘歌）、水书讲解歌、儿歌、俗语等。主要代表作有《造人歌》《恩公踩地方》《人龙雷虎争天下》《分宗开亲》《造粮造棉》。

"旭早"大多在酒席上演唱，也有酒歌之称。酬和的"旭早"开头有固定的起歌帮腔和声，结尾有重复末句末字的帮腔和声。

另外，有一部分"旭早"具有寓言性、故事性的说唱结合及简单表演成分，具有曲艺表演特征。一是表演者可分为两方、三方不等；二是有说白，或简短故事的序言，然后吟唱。其间，有的还有插叙及吟唱交替进行。2006 年，旭早入选《中国曲艺志·贵州卷》。2019 年，三都县以旭早《第一书记》参加在山东济南举行的全国曲艺展演，获得好评。代表性传统剧目有《白鹤与乌鸦》《麻雀与画眉》《打鱼人与龙女》《鸭子和天鹅》等。2020 年，"旭早"入选国家级非物质文化遗产名录。

## 1.4　民间音乐舞蹈类

水族音乐独具特色，其中以单歌、酒歌、丧葬歌最为出名。

水族民间音乐的旋律构成及旋律结构方式方面，音程的跳动，调式、调性特征等方面具有完全一致的特征。水族所有的歌种，大都由"哆来咪唆"四个音构成。四个旋律构成音的走向和音程跳动，以级进为主。就节拍、节奏而言，单歌、双歌的主题部分完全一致，以八分音符、一词一字一音为典型特征。

水族舞蹈内容丰富，《中国民族民间舞蹈集成·贵州卷》中便收录了11 个水族传统民间舞蹈：芦笙舞、斗角舞、铜鼓舞、花架舞、角鼓舞、师刀舞、大刀舞、女子铜鼓舞、盘绾舞、木鼓舞、花灯舞。

水族音乐舞蹈大多与铜鼓有关，因其把铜鼓当作重器、祭器、神器、乐器，凡遇重大节庆及丧葬活动都要敲击铜鼓。目前据不完全统计，在三都水族自治县境内的水族人民尚存有铜鼓五百面之多，而在整个水族地区铜鼓的数量更是高达九百多面，水族地区传世铜鼓藏量之多，尤其是人均占有铜鼓量比例之高，在贵州省乃至全国都实属罕见。

## 1.5 传统工艺美术类

勤劳智慧的水族人民，创造了属于本民族多姿多彩的民间技艺，主要代表性项目有：水族剪纸、水族马尾绣、水族豆浆染制技艺、水族石刻等。

水族的马尾绣为"结"，与"驲"同音，《说文解字》云"系马尾也"。马尾绣是一种用3～4根马尾为芯，外缠丝线，制成刺绣的预制线，再用这种预制线勾勒出框架，并配以其他刺绣技法所形成的一项独特的刺绣技艺。就是水族先民南迁之后，将"驲，系马尾"演化为美化生活技艺的智慧创造。马尾绣的代表作是水族的育婴背带，工艺烦琐复杂，工序达50余道，成品古色古香、典雅华丽、精致美观、结实耐用，被誉为"刺绣活化石"。2006年，马尾绣入选国家级首批非物质文化遗产名录。

水族剪纸源于刺绣，剪出来的图案多为刺绣底样，主要作品为背带花、鞋花、鞋垫花、童帽花、围腰牌花、荷包花、枕头花等，以"鸟语花香"图案为主；现在已发展到为渲染气氛而剪的窗花，这类多以蝴蝶双飞、连年有余等吉庆图案为主。近年水族剪纸已提升到独立艺术的层面，根据水族民俗风情，剪出一幅幅时代感强、主题鲜明、寓意深刻的造型艺术。

水族豆浆染在水族村寨普遍使用。首先，用桐油涂上厚夹纸，待干后，在纸上刻出空心花纹或别致的图案，即制成模板；然后将制好的模板放于白布上压紧，刷上特制的黄豆浆，晒干后放入蓝靛染缸内泡洗几次；最后洗净晾干，刮去豆浆，就可以现出蓝底白花图案，堪称"土布上的青花"。

水族服饰有日常服饰和节日盛装之分，其材质、款式、色彩、工艺与生产生活方式和地理环境条件关系密切。妇女着装，一般是头包六尺以上的青布，身穿对襟，无领、宽袖长衫，习惯佩戴一根半斤左右重的银项圈，外系百褶裙。衣服的坎肩、衣襟、袖口、裤脚一定镶上花边斜面青布大绲边，外缘再镶上两根绲边，绲边绲条要突出衣面，绲条外缘装饰一道底色暗雅的丝兰牙口和水浪形"栏干"花边。由于水族族群居住地域、环境的不同，水族服饰仍存在一定差异。在不同的水族服饰类型中，未婚女孩的服饰最能代表水族服饰文化的特色。

水族石刻主要体现在墓碑雕刻上。水族墓葬有方圆两种形制，墓前镌刻牌楼式墓碑，雕工精湛。正脊雕刻葫芦宝顶，上刻太极、八卦及动物造型的"福""寿"等图案。两端雕刻鸱吻，有的还在楼面雕刻狮子、麒麟等吉祥物。明间两柱，雕刻盘龙，多为透雕。引人注目的是，水族石板墓雕刻的各种图案，颇似汉代画像石，对研究古代水族社会生活、雕刻艺术，具有重要价值。由于水族的墓葬石刻艺术独具一格，2013 年"黔南水族墓群"入选国务院批准的第七批全国重点文物保护单位。

水族传统民居建筑，大多依山傍水，竹木环绕。住房多为木质榫卯结构的吊脚楼。这种杆栏式建筑，"人楼居，梯而上""人栖其上，牛羊犬豕畜其下"。一般民居通常为四榀三间，一楼一底，或两楼一底，其屋面，有悬山顶、歇山顶两种形式，以后者居多。楼上住人，楼下作为饲养畜禽及安置大灶的地方。楼上正面一般都是一条走廊贯通两头，走廊的栏杆形式多样，在实用的基础上，给人以美的享受，充分表现出民间木工匠人的艺术造诣，也是水族人民心灵手巧的一个体现。

## 1.6　民风民俗类

水族文化丰富，习俗众多，素有"十里不同风，百里不同俗"之说，具有鲜明的民族特征和地域特征，主要体现为饮食习俗、节庆习俗、人生礼仪、原始信仰、婚恋习俗、丧葬习俗、生产习俗、商贸习俗等。

水族节庆资源十分丰富，大小节日有十余个，特色浓厚，历史悠久的端节、卯节、苏宁喜节和敬霞节最具知名度和影响力。例如，端节是在水历年终岁首，新年开端的谷物成熟时段欢度的重要节日，是汉字"年，谷熟也""谷熟庆典曰过年"本义的准确诠释。端节有着古代血缘氏族部落谷熟庆典遗风，古代分九批过节，现代分七批过节，并以地支亥日为主干择定节期，是延续中原古代"吉亥祀先农"的遗俗。第一批自都匀套头及丹寨小羊昌开始，延展到三都县、榕江县、雷山县、独山县、荔波县等地水族村寨，末批在三都县杨拱收场，历时 49 天。端节是世界上批次最多、历时最长的年节。

婚恋习俗是水族的一种群体参与、独具特色的民族活动。其主要包括：说媒、相亲、择日、定亲、恋爱、出嫁、迎亲、结婚典礼等活动过程。婚前，青年男女均以春节（初一至十五）去打键堂，平时赶会（端节、六月六、清明采茶），送亲，赶集等对唱情歌，来谈情说爱，互相了解，相识相知，对歌传情，交流相恋；产生感情后，晚上背着老人在寨边约会。青年男女有意向后，由男女各自的同伴转告双方家长，若双方家长表示满意，男方请媒人到女方提亲，按礼俗举行婚礼，方结为夫妻。水族的嫁娶与其他民族有不尽相同之处，从提亲到结婚的过程中，风情独特。

水族丧葬习俗注重厚葬、隆祭、久祀，因此成为水族习俗中内涵最丰富、程序最复杂、禁忌最多、开销最大的民俗。水族地区有"轻生重死"或"重死不重生"之说，意为人的死亡礼仪要比出生礼仪隆重。水族葬礼追悼称为"开控"，根据葬礼的规模分为小控、中控、大控和特控等类型。从杀一两头肥猪祭祀，到砍五六头牛马奉献牺牲，还有请花灯队、舞龙队、舞狮队、芦笙队、唢呐队、吊丧歌演唱等演出活动。丧葬活动从始至终，一切活动均依照水书先生择吉安排行事。水族特别注重修墓地立碑尽孝。全国唯一以民族命名的"黔南水族墓群"，因此习俗而彰显全国。

糯食习俗。水族除了大面积种植粳稻外，还要种植一定面积的糯稻。因为糯食是水族人民饮食文化不可缺少的食物之一。如结婚嫁女、丧葬祭祀、起房造屋、节日喜庆、迎神送鬼等各种礼仪都少不了糯饭或糯食加工品——糯米粑。其糯米饭花色和品种多样，各有各的用场。糯米粑品种也颇多，味道各异。就其类别主要有：用于喜庆的红糯饭、用于丧葬祭祀的白糯饭、用于搭花桥的三色花桥糯米饭、清明特有的黄糯饭、四月八用的黑糯饭和多彩糯饭、独具特色的豆沙糯饭，以及初九筑蛇洞糯米粑、结婚喜庆迎亲粑、"嗜荐"时的过年粑、口味别致的"杂禄粑"、清香扑鼻"清明粑"和温胃健脾甜酒粑等。

信仰与禁忌。中国社科院 20 世纪 70 年代的水族地区资料表明，水族地区信仰的鬼神达 600 多种。水族信仰主要表现为自然崇拜、祖宗崇拜、英雄崇拜、神灵崇拜等方面。自然崇拜是对天地自然资源及物种，还有对自然力、天气、天象的崇拜。祖宗崇拜，拓展到氏族、民族、国家的热爱与崇拜，如将水书创始人六铎公崇奉为全民族的保护神、大神、正神。英雄崇拜是对为氏族、为民族、为国家勇于奉献的肯定及崇拜，如水族对潘新简、邓恩铭等的崇拜。神灵崇拜是对具有超自然的特殊现象的崇拜。水族的信仰鱼龙混杂，大多是在科学文化知识低下时代的产物，小部分是具有正能量的内容，大部分是局限认识的文化积淀，或感性认知及经验的积累。既为社会科学研究提供丰富资料，也需要我们注意分辨良莠、去伪存真。

水族信仰中，保留着中原古代早期神鬼不分的特征，只有善鬼与恶鬼的区别。在众多的水书条目中，基本都具有善鬼恶鬼兼备的特征，关键是人们在社会实践时，如何因事、因人、因时、因空间的变化去合理巧妙地利用时机，实现粮食增产、人丁繁衍、家道殷实，或化害为利、扶正制邪、克敌制胜等。

水族的禁忌繁杂，充斥在生产生活中的各个方面，有些禁忌是生活经验的科学总结，如在水族丧葬中，对于正常死亡，水书中有"死合不送哭，哪人哭死哪人"的条目，明确说明亲人咽气之际，忌在尸体旁哭泣；对于非正常死亡，则要求必须进行火化；对于在外死亡者，不说任何原因，尸首或骨灰一律不准进寨……其实这些禁忌均是水族先民在与各种疾病斗争的过程中，形成的朴素经验总结，并通过民间禁忌的形式对整个族群进行约束和保护。对于水族禁忌，只要我们要善于加以区分对待，这一文化也会成为我们的文化财富。

### 1.7 传统体育与医药类

水族最盛大的年节端节，一定要举行跑马活动。这是水族从中原南迁融入百越族群之后的乡愁记忆，是一项全民体育运动，三都水族自治县也因此被中国少数民族体育协会授予"全国赛马之乡"称号。水族的赛马是弱化名次排列、自娱自乐的全民娱乐性体育活动，其中挤马可算是最具特色的体育竞技项目。由于赛马道非常狭窄，有些地方通常只能容纳一两匹马同时通过，骑手在通过这些狭窄马道时，在确保自己稳坐马背的前提之下，想办法采用合理的冲撞方式把挨近的骑手挤出跑道，或挤下马，为自己打开通道，为观众提供笑料。"挤马"也因此而得名。水族认为，马坡"挤马"成功，才显出优秀骑手的精湛骑术和优良坐骑的雄风。

除了赛马之外，水族的传统体育还有丰富的棋类，以及板腰（摔跤）、扭扁担、游泳、武术、陀螺、高跷、赛跑等。

水族医药是水族人民在长期的生产生活实践中，逐渐认识、积累并形成的具有民族特色的与疾病斗争的经验总结与丰硕成果。水族地区境内群山纵横、山川秀丽、气候温和、雨量充沛、森林茂密，野生植物药材种类繁多，同时也为各种动物药的生存创造了条件，水族医药在医理上受水书阴阳互补、五行生克、天人合一等文化思想的影响，具有较强的民族性和地域性，也是中华民族传统医药文化的重要组成部分。中国漫长医药历史是巫医结合历史，不少水书先生就是医药师，在水书抄本中记录了大量的医药方子、医药案例与经验。改革开放之后，水族保护区的核心区域三都县出版了全彩色《中国水族医药》精装本，出版《水族医药》，以及很多内部偏方资料。

### 1.8 传统农业耕作类

在漫长的小农经济社会中，水族传统农业是在自然经济条件下，采用人力、畜力、手工工具、铁器等为主的手工劳动方式，靠世代积累下来的传统经验，形成了以自给自足的自然经济居主导地位的农耕技艺。其中主要是稻作耕作技艺，含良种选育培育、土壤改良、水源分配、害虫防治、稻田养鱼、粮食储存、种植气象等技术技艺。这是采用历史上沿袭下来的耕作方法和农业技术的农业。传统农业具有低能耗、低污染等特征，在当今时代依然发挥重要作用。还有棉花种植及纺织印染及蓝靛制作的相关技艺。

　　黔南水族文化生态保护区保护的重点是：黔南水族丰富的非物质文化遗产项目，世代传承非物质文化遗产的水族群体，非物质文化遗产所依托的自然生态，以及人文环境的端坡、卯坡、霞节祭坛、水族村寨等文化空间。民众广泛参与，人与自然和谐相处，确保各个非物质文化遗产项目实现良性的活态传承。

　　黔南水族文化生态的突出特点是：在日常生活中传承，黔南水族文化生态保护区的可靠保障是当地政府充分认识到保护黔南水族文化的价值和紧迫性，并积极采取有效措施，以及当地民众具有保护传承水族文化的强烈愿望和主观自觉。

## 2. 文物资源

　　黔南水族文化生态保护区现有全国重点文物保护单位 1 处、省级文物保护单位 18 处、州级文物保护单位 3 处、县级文物保护单位 22 处。这里有清政府在贵州试行"改土归流"政策中所设置的"新疆六厅"唯一流存至今的文物见证都江古城，有见证日军侵黔计划破产和逐渐走向失败的深河桥抗战遗址，有以都匀 083 基地旧址为代表的三线文化，有以中国历史文化名村怎雷村为代表的传统建筑文化，有以"张家祠堂睦族碑"为代表的土司文化。尤其是已列入全国重点文物保护单位的水族墓群，其以独特的"干栏式"地面墓室，成为贵州少数民族墓葬中最具特点的墓葬形式之一。

　　此外，水族文化生态保护区内还有许多红色革命遗址，其中，中国共产党第一次全国代表大会代表、中国共产党的创始人之一邓恩铭烈士就是水族最优秀的代表，其于 2009 年被中央宣传部、中央组织部等 11 个部门评为"100 位为新中国成立做出突出贡献的英雄模范人物"之一，其故居于 2021 年 6 月被中央宣传部命名为"全国爱国主义教育示范基地"。

### 3. 自然生态资源

黔南属典型的亚热带温暖湿润的季风气候，州内平均海拔 997 米，冬无严寒、夏无酷暑、雨热同季。据 2020 年统计数据显示，全州城市环境空气质量均达到二级标准，环境空气质量优良天数比例达到 99.7%，其中 PM10 平均浓度为 29 微克/立方米，PM2.5 平均浓度为 18 微克/立方米。三都水族自治县因自然环境良好、气候温润，境内负氧离子浓度达每立方厘米 1 万～5 万个，曾荣获"中国森林氧吧""中国生态魅力县"等称号。

黔南土地以山地和丘陵为主，境内植物茂盛，动物繁多，资源丰富，其中，三都水族自治县林木种质资源便达 124 科 388 属 1050 种（不含草本）。被誉为生物资源基因库的荔波县茂兰国家级自然保护区位于云贵高原向广西丘陵盆地过渡的斜坡地带上，有国家一级保护植物 8 种、国家二级保护植物 139 种及兰科植物的 119 种、特种植物 41 种，一些濒临灭绝的孑遗物种在这里还保存完好，如被誉为植物界的"大熊猫"单性木兰，在全世界几乎灭绝的情形下，在茂兰国家级自然保护区还保存着 2 万余株。此外，保护区还有脊椎动物 334 种，其中鸟类 15 目 40 科 143 种，兽类 8 目 24 科 61 种，爬行类 3 目 10 科 39 种，两栖类 2 目 8 科 34 种，鱼类 5 目 10 科 39 种，昆虫 1468 余种，其中，国家一级保护动物 5 种、国家二级保护动物 100 余种。由于特殊的植物多样性、食物链结构、栖息环境等原因，还产生了许多动物新种和特有种，到目前为止，已经发现的茂兰动物特有种达 200 余种。

# 第六节　保护区域

黔南水族文化生态保护区是指以保护水族非物质文化遗产为核心，对黔南水族文化及其生态环境进行整体性保护，维护文化生态系统的平衡和完整，增强民众保护非物质文化遗产的文化自觉，以促进经济社会全面协调可持续发展，由黔南布依族苗族自治州人民政府设立的特定区域。其具体表现为与端坡、卯坡、水族村寨融为一体而构成的文化空间，其突出特点是民众广泛参与，在日常生活中传承，人与自然和谐相处，其可靠保障是当地政府充分认识到保护黔南水族文化的价值和紧迫性，并积极采取有效措施，以及当地民众具有保护传承水族文化的强烈愿望和主观自觉。

一般保护区：黔南布依族苗族自治州三都水族自治县全境，荔波县玉屏街道办、黎明关水族乡、佳荣镇、茂兰镇，独山县玉泉镇、玉水镇、影山镇、基长镇、麻尾镇，都匀市归兰水族乡水族人口为 26.98 万人。这是一个以水族人口为主，散居着布依族、汉族、苗族、瑶族等民族的地理区域。

核心保护区：三都水族自治县，辖 6 镇 2 街道、87 个行政村、18 个社区居委会，水族人口为 20.24 万人。

# 第七节　保护目标

## 1. 总体目标

黔南水族文化生态保护区建设的总体目标是：建设一个水族文化特色

鲜明、内涵丰富、布局合理、管理规范、民众认同、社会知名度高、综合效益好、充分展示黔南水族文化魅力的文化生态保护实验区。建立一套完整可行的黔南水族文化生态整体性保护体系，维护区域内文化生态系统平衡和完整。使黔南水族文化在弘扬中华民族优秀传统文化、增强中华民族认同感和凝聚力中发挥重要作用，促进黔南经济社会全面协调可持续发展，为建设各族人民宜居、宜业、生态、平安、幸福的黔南提供有力的文化支撑。通过水族文化生态保护实验区建设，全面提高区域内各族人民的文化自觉，全社会民族文化生态保护意识全面提高，民族自信心和文化自豪感显著增强，区域经济、社会、文化全面协调发展。

## 2. 分阶段目标

第一阶段：××年至××年。全面开展黔南水族文化生态保护工作，初步建立起一套切实可行的黔南水族非物质文化遗产整体性保护体系、保护制度和运行机制；开展全民文化生态保护宣传与教育，培养一批能胜任非物质文化遗产保护的专业人员；完善文化遗产保护措施，使濒危和重要的黔南水族非物质文化遗产名录项目及其传承人得到有效保护；加大水族地区非物质文化遗产的基础设施投入，建设一批非物质文化遗产保护示范基地、展示馆（厅）和传习所（室），建立一批优秀传统民族文化进校园的特色学校，初步形成黔南水族文化生态保护网络；区域内全民参与水族文化生态保护的意识不断提高。

第二阶段：××年至××年。健全和完善水族文化生态保护体系，形成稳定的水族文化生态保护联动机制；保护区内非物质文化遗产展示馆（厅）和传习所（室）的软硬件设施较为齐备；列入各级保护名录的非物质文化遗产名录项目及其代表性传承人得到有效保护，各种交流活动良性开展，水族优秀文化传承有序进行；项目代表性传承人和传承群体在良好的文化生态环境中开展传习活动；黔南水族文化的影响加大；全社会文化生态保护意识普遍提高，水族文化区范围内的民族文化生态保护网络有效运行，水族文化生态环境明显改善。

第三阶段：××年至××年。黔南水族文化生态保护区全面建成，实现保护工作科学化、规范化、网络化、法制化；保护区内基础设施建设和传习场所建设达到规划标准，具有重要历史、文学、艺术、科学价值的黔南水族文化和非物质文化遗产代表性项目，在良好的民族文化生态环境中得到完整的保护和传承，保护水族文化遗产成为民众的自觉意识和自觉行动；建成若干个黔南水族文化生态博物馆和文化生态保护社区、村落，文化传承保护和社会经济生活协调发展，优秀的水族非物质文化遗产的精神和智慧融入现代生活；提高黔南水族文化在全国乃至世界的影响力，使黔南水族文化生态保护区成为各族民众的精神家园。

# 第八节　保护原则

黔南水族文化生态保护区要以习近平新时代中国特色社会主义思想为指导，坚持保护优先、整体保护、见人见物见生活的理念，既保护非物质文化遗产，也保护孕育发展非物质文化遗产的人文环境和自然环境，实现"遗产丰富、氛围浓厚、特色鲜明、民众受益"的目标：

## 1. 牢牢把握正确方向的原则

在文化生态保护区建设中，不仅要强化党在行政管理部门的领导，对相关非物质文化遗产协会、非物质文化遗产合作社、非物质文化遗产企业亦要强化党的组织引领，坚持马克思主义在意识形态领域的指导地位，弘扬社会主义核心价值观，树立正确的历史观、国家观、民族观、文化观，深入挖掘阐释非物质文化遗产蕴含的思想理念、传统美德、人文精神。

## 2. 坚持政府主导、社会参与的原则

发挥各级政府在黔南水族文化生态保护区的主导作用，统筹协调，制定规划，明确职责，落实经费，加强指导。文化行政部门作为非物质文化遗产保护工作的主管部门，要与各有关部门密切协作，形成保护合力。同时，要坚持政府主导和社会参与相结合，财政投入和社会出资相结合，调动社会各方面的积极性，特别是要发挥各民族学会、农村合作社、文化能人、寨老等社会和群众组织的作用，鼓励社会力量参与保护工作。

## 3. 坚持以人民为中心的原则

扩大水族人民对非物质文化遗产保护的知情权、参与权和监督权，尊重水族群众的主体地位和首创精神，促进黔南水族文化生态保护区建设科学化、规范化、民主化，依靠水族人民共同建设好黔南水族文化生态保护区。

## 4. 以保护非物质文化遗产为核心的原则

以黔南水族非物质文化遗产名录项目和代表性传承人为工作重点，注重保护黔南水族非物质文化遗产的真实性、完整性，优先保护具有重大历史、文化、艺术和科学价值且处于濒危状态的项目和代表性传承人。

## 5. 坚持以人为本、活态传承的原则

保护好黔南水族地区非物质文化遗产名录的代表性传承人，使其有效地履行传承人的责任，实现活态传承。对列入县级以上的各级非物质文化遗产名录项目，确定并命名项目代表性传承人。有条件的地方要建立相应的传承基地或传习所。鼓励传承人开展传习活动，使之后继有人、薪火相传。

### 6. 坚持人文环境与自然环境协调、维护文化生态平衡的整体性保护原则

黔南水族文化生态保护区建设要与相关的历史文化名城、名镇、村镇、名街和历史街区、古民居、各级文物以及黔南水族地区的生态环境等密切结合，实施整体性保护，形成一种良好文化空间及自然生态和人文环境，达到文化生态平衡。

### 7. 坚持系统性保护的原则

黔南水族文化生态保护区的建设，是文化事业建设的一个重要方面，要围绕新时代新任务，统筹协调非物质文化遗产保护传承与经济发展、城乡建设、社会治理、民生改善等的关系，主动服务和融入国家发展战略。坚持系统观念，全局性谋划水族文化生态保护区的各项政策措施，做好各项工作的衔接配合，为黔南水族地区经济社会发展提供文化支撑，推动非物质文化遗产为经济社会可持续发展发挥更大作用。

### 8. 坚持守正创新的原则

文化遗产保护是基础，在以保护为主的基础上，依托黔南水族非物质文化遗产资源优势，进一步挖掘和弘扬其文化内涵，弘扬非物质文化遗产的当代价值，推动非物质文化遗产在人民群众的当代实践中实现创造性转化、创新性发展，不断增强非物质文化遗产的生命力。

### 9. 坚持依法科学保护

健全黔南水族文化生态保护区法律法规体系，全面落实法定职责，明确参与各方责任，提高社区和民众的非物质文化遗产保护主体意识。秉持见人见物见生活理念，分类保护，精准施策，精确管理。

# 第九节　保护对象

　　黔南水族文化生态保护区是以水族非物质文化遗产保护为核心，对黔南境内水族集聚区域内历史文化积淀深厚、存续状态良好、具有重要价值和鲜明特色的水族人民创造的文化形态及其存续的文化空间进行整体性保护。在这个特定的区域中，通过采取有效的保护措施，较好地保护非物质文化遗产与物质文化遗产互相依存的文化空间，以及保护好与人们的生产生活紧密相关的自然环境、经济环境、社会环境，形成和谐共处的文化生态环境。

## 1. 保护区范围内的人类非物质文化遗产代表作名录和国家、省、州、县四级非物质文化遗产名录项目

　　黔南水族文化生态保护区现拥有国家级水族非物质文化遗产代表作名录项目 5 个、省级 26 个、州级 28 个、县级 56 个，从国家到省、州、县四级水族非物质文化遗产名录是开展非物质文化遗产保护工作的主要内容。完善四级名录体系，是保障非物质文化遗产整体性保护和文化生态保护实验区文化资源的坚实基础，也是本《规划纲要》的核心保护对象。

### 黔南水族非物质文化遗产代表作名录

表 5-1　国家级非物质文化遗产代表作名录

| 序号 | 类别 | 级别 | 项目名称 |
| --- | --- | --- | --- |
| 1 | 民俗 | 国家级 | 水书习俗 |
| 2 | 民俗 | 国家级 | 水族端节 |
| 3 | 传统美术 | 国家级 | 水族马尾绣 |

续表

| 序号 | 类别 | 级别 | 项目名称 |
|---|---|---|---|
| 4 | 传统美术 | 国家级 | 水族剪纸 |
| 5 | 曲艺 | 国家级 | 旭早 |

**表 5-2　省级非物质文化遗产代表作名录**

| 序号 | 类别 | 级别 | 项目名称 |
|---|---|---|---|
| 包含以上已列入国家级非物质文化遗产名录项目6项 | | | |
| 6 | 民俗 | 省级 | 水族婚俗 |
| 7 | 民俗 | 省级 | 水族卯节 |
| 8 | 民俗 | 省级 | 水族婚礼 |
| 9 | 民俗 | 省级 | 水族祭祖 |
| 10 | 民俗 | 省级 | 水族服饰 |
| 11 | 传统音乐 | 省级 | 水族双歌 |
| 12 | 传统医药 | 省级 | 水族医药 |
| 13 | 传统美术 | 省级 | 水族剪纸 |
| 14 | 传统技艺 | 省级 | 水族九阡酒酿造技艺 |
| 15 | 传统技艺 | 省级 | 水族民间酿酒工艺 |
| 16 | 传统舞蹈 | 省级 | 水族铜鼓舞 |
| 17 | 传统舞蹈 | 省级 | 水族弦鼓舞 |
| 18 | 民俗 | 省级 | 水族敬霞节 |
| 19 | 传统音乐 | 省级 | 水族夺咚 |
| 20 | 传统技艺 | 省级 | 水族银饰制作技艺 |
| 21 | 传统技艺 | 省级 | 水族豆浆染制作技艺 |
| 22 | 传统技艺 | 省级 | 水族石雕 |
| 23 | 民俗 | 省级 | 水族历法 |
| 24 | 民间文学 | 省级 | 水族古歌 |

续表

| 序号 | 类别 | 级别 | 项目名称 |
|---|---|---|---|
| 25 | 传统技艺 | 省级 | 水族牛角雕制作技艺 |
| 26 | 传统体育 | 省级 | 水族棋艺 |

**表 5-3    州级非物质文化遗产代表作名录**

| 序号 | 类别 | 级别 | 项目名称 |
|---|---|---|---|
| 包含以上已列入国家级、省级非物质文化遗产名录项目31项 | | | |
| 27 | 传统技艺 | 州级 | 水族辣糟酸制作技艺 |
| 28 | 体育竞技 | 州级 | 水族赛马 |

**表 5-4    县级非物质文化遗产代表作名录**

| 序号 | 类别 | 级别 | 项目名称 |
|---|---|---|---|
| 包含以上已列入国家级、省级、州级非物质文化遗产名录项目35项 | | | |
| 29 | 民俗 | 县级 | 水族祭稻田 |
| 30 | 民间文学 | 县级 | 水书 |
| 31 | 民间文学 | 县级 | 请俄伢 |
| 32 | 民间文学 | 县级 | 水经 |
| 33 | 民间文学 | 县级 | 水语 |
| 34 | 传统美术 | 县级 | 金边绣 |
| 35 | 传统技艺 | 县级 | 隔鞋制作技艺 |
| 36 | 民俗 | 县级 | 水族端坡 |
| 37 | 民俗 | 县级 | 水族图腾 |
| 38 | 民俗 | 县级 | 水族卯坡 |
| 39 | 传统体育 | 县级 | 水族手键 |
| 40 | 民俗 | 县级 | 苏宁喜节 |

续表

| 序号 | 类别 | 级别 | 项目名称 |
|------|------|------|----------|
| 41 | 民俗 | 县级 | 水族葬礼 |
| 42 | 传统技艺 | 县级 | 水族银饰锻造技艺 |
| 43 | 传统技艺 | 县级 | 水族杆栏式建筑营造技艺 |
| 44 | 传统技艺 | 县级 | 水族百鸟衣制作技艺 |
| 45 | 传统技艺 | 县级 | 水族石刻 |
| 46 | 民俗 | 县级 | 水族银佛帽制作技艺 |
| 47 | 传统音乐 | 县级 | 水族调歌 |
| 48 | 传统音乐 | 县级 | 古歌 |
| 49 | 传统音乐 | 县级 | 兜歌 |
| 50 | 传统音乐 | 县级 | 情歌 |
| 51 | 传统音乐 | 县级 | 单歌 |
| 52 | 传统舞蹈 | 县级 | 水族斗角舞 |
| 53 | 传统舞蹈 | 县级 | 角鼓舞 |
| 54 | 传统技艺 | 县级 | 皮鼓制作技艺 |
| 55 | 传统技艺 | 县级 | 弦鼓制作技艺 |
| 56 | 传统技艺 | 县级 | 民族银饰制作技艺 |

## 黔南水族非物质文化遗产代表作名录简介（摘录）

### 水书习俗

水书，是水族的古文字或使用这种文字抄写的书籍的总称，水族人称之为"泐睢"。

水书广泛运用于水族的丧葬、祭祀、婚嫁、营建、出行、占卜、节令、生产等方面，被誉为水族社会生活的"百科全书"。由于水书没有统

· 141 ·

一的刻印版本，加之水书文字较少，水书典籍一般以纲目录式存在，这些条目仅仅起到提示作用，内容主要靠水书传承人以口传心授的形式世代相传。

2006 年，水书习俗被国务院公布为首批国家级非物质文化遗产代表作名录。

## 水族端节

端节是水族最盛大的传统年节，主要流传于都柳江上游地区，即以三都水族自治县水族聚居区为中心，辐射到周边的都匀市、独山县以及荔波县等县（市）的水族村寨。

端节在水历年底、岁首的谷熟时节（对应夏历八至十月），以亥日计算过节日期，按照宗族血缘关系为活动主体分批轮流过节，原分九批次，现合分为七批次，首尾间隔约 50 天，被誉为"世界上最长的年节"。

端节祭祖是节日活动的重要内容。祭祖期间，水族忌荤食素，以表对祖先的敬重，但不禁鱼虾，其中传统的"鱼包韭菜"是必不可少的供品。此外，跑马是端节另一个重要内容，跑马都在亥日午饭后进行，这一天男女老幼皆身着盛装到端坡观看，祈盼风调雨顺、五谷丰登。

2006，水族端节被国务院公布为首批国家级非物质文化遗产代表作名录。

## 水族铜鼓舞

铜鼓舞是水族民间最原始、最古老的舞蹈，水语称为"丢压"，源于古代祭祀活动。

舞蹈时，老人敲铜鼓，一人用嗡桶配合，一人打木鼓，舞者随鼓声起舞。铜鼓舞分为男子铜鼓舞和女子铜鼓舞。男子铜鼓舞为集体群舞，其表演形式仍保持原始的广场圆舞形式，动作有大字蹲、大字偏等，舞姿刚劲雄健、粗犷英武；女子铜鼓舞虽然也是集体群舞，但一般在堂屋或端坡进行，舞者围着铜鼓按逆时针方向移动，动作主要以移步为主。

2009 年，水族铜鼓舞被贵州省人民政府公布为第三批省级非物质文化遗产代表作名录。

由于能够纳入四级非物质文化遗产保护体系的项目毕竟是少数，因此在开展水族文化生态保护区保护时，还应重点保护传统文化最为重要的载体——节日。

表 5-5　黔南水族文化生态保护区水族节日一览表

| 节日名称 | 活动日期 | 活动内容 | 流行地区 | 参加人数 |
|---|---|---|---|---|
| 端节 | 八月第一个亥日 | 赛马、吹芦笙、敲铜鼓、斗牛、祭祖等 | 都匀市基场、阳和、马赛一带 | 万人以上 |
| | 九月第一个亥日 | 赛马、唱水歌、祭祖 | 独山县羊场天星村附件村寨 | 数千人 |
| | | 赛马、唱水歌、跳花灯、祭祖 | 独山县本寨塘明村一带 | 万人以上 |
| | 八月第一个亥日 | 赛马、对歌、祭祖 | 三都水族自治县丰乐一带 | 五千人左右 |
| | 八月最后一个亥日 | 跳斗角舞、祭祖 | 三都水族自治县上江一带 | 数千人 |
| | | | 三都水族自治县都江坝街一带 | 数千人 |
| | 九月第一个亥日 | 赛马、敲铜鼓、祭祖 | 三都水族自治县周覃、三洞一带 | 万人以上 |
| | | | 三都水族自治县水龙、中和等地 | 万人以上 |
| | | | 三都水族自治县大河水东附近 | 万人以上 |
| | | | 三都水族自治县水龙安塘一带 | 数千人 |
| | | 敲铜鼓、祭祖 | 三都水族自治县九阡地区 | 数千人 |
| | | 赛马、敲铜鼓、祭祖 | 三都水族自治县周覃及独山、荔波等县 | 万人以上 |
| | | | 三都水族自治县周覃迁排及独山、荔波等县 | 万人以上 |
| | 九月第二个午日 | 赛马、敲铜鼓、祭祖 | 三都水族自治县、独山县等地塘州附近 | 万人以上 |
| | | 敲铜鼓、祭祖 | 三都水族自治县九阡上水碟一带 | 数千人 |

续表

| 节日名称 | 活动日期 | 活动内容 | 流行地区 | 参加人数 |
|---|---|---|---|---|
| 端节 | 九月第二个亥日 | 斗牛、对水歌、跳古瓢舞、跳月、祭祖 | 三都水族自治县都江羊福及雷山、丹寨等县 | 六千人左右 |
| | | 赛马、敲铜鼓、祭祖 | 三都水族自治县水龙地祥一带 | 四千人左右 |
| | | 敲铜鼓、祭祖 | 三都水族自治县九阡石板寨及附近村寨 | 千人以上 |
| | | 赛马、敲铜鼓、祭祖 | 三都水族自治县上江集中及榕江县邻近地区 | 千人以上 |
| | | 赛马、敲铜鼓、跳斗牛舞、祭祖 | 三都水族自治县坝街约寨 | 千人以上 |
| | | | 三都水族自治县坝街 | 千人以上 |
| | | 敲铜鼓、祭祖 | 三都水族自治县城关牛场地区 | 数千人 |
| | 九月第三个未日 | 敲铜鼓、祭祖 | 三都水族自治县城关、水龙、大河交界之牛场附近 | 六千人左右 |
| | 九月西戌亥三天 | 敲铜鼓、吹芦笙、唱水歌、祭祖 | 三都水族自治县、荔波县永康、水利、水尧、水庆等地 | 千人以上 |
| | 十月第一个亥日 | 敲铜鼓、祭祖 | 三都水族自治县都江照寨 | 数千人 |
| | | | 三都水族自治县九阡水昂及附近村寨 | 数千人 |
| 洗澡节 | 六月初六 | 唱水歌、洗温泉澡 | 独山县羊场地区温泉附近 | 数千人 |
| 敬霞节 | 五月 | 唱水歌、祭霞 | 三都水族自治县九阡水角地区 | 千人以上 |
| 六月六 | 六月初六至初八 | 唱水歌、敲铜鼓 | 三都水族自治县九阡下水龙一带及都匀市的水族村寨 | 万人以上 |
| 卯节 | 六月第一个卯日 | 祭祖、赶卯坡、男女青年自由对歌找对象 | 荔波县水利一带 | 万人以上 |
| | 六月最后一个卯日 | | 荔波县水尧、永康、佳荣及三都水族自治县九阡一带 | 万人以上 |
| 苏宁喜节 | 十一月第一个丑日 | 唱水歌、敲铜鼓 | 三都水族自治县周覃的和勇一带 | 千人以上 |

续表

| 节日名称 | 活动日期 | 活动内容 | 流行地区 | 参加人数 |
|---|---|---|---|---|
| 过捻 | 九月逢酉日 | 敲铜鼓、唱水歌、祭祖 | 荔波县水尧拉交等地 | 数千人 |

备注：上表摘自《黔南州民族节日通览》

## 2. 保护区范围内各级非物质文化遗产名录项目代表性传承人

　　传承人是非物质文化遗产的活态载体，在非物质文化遗产项目名录建立的同时，黔南非物质文化遗产代表性传承人名录制度已基本确立。在开展传承人保护的工作中，对代表性传承人开展传承活动给予重点支持，同时兼顾群体性传承人的保护。黔南水族文化生态保护区内现有水族国家级非物质文化遗产名录项目代表性传承人 3 人，省级非物质文化遗产名录项目代表性传承人 12 人，州级非物质文化遗产名录项目代表性传承人 32 人，县（市）级非物质文化遗产项目代表性传承人 420 人。此外，还有大量非物质文化遗产名录项目的群体性传承人。文化生态保护实验区将本着"以人为本、活态传承"的原则，将保护区范围内的水族非物质文化遗产名录项目代表性传承人作为重点保护对象。

### 黔南州水族非物质文化遗产名录项目代表性传承人

表 5-6　国家级水族非物质文化遗产名录项目代表性传承人

| 序号 | 类别 | 级别 | 项目名称 | 姓名 | 性别 | 所在地 | 备注 |
|---|---|---|---|---|---|---|---|
| 1 | 传统美术 | 国家级 | 水族马尾绣 | 韦桃花 | 女 | 三都水族治县三合镇万户水寨 | |
| 2 | 传统美术 | 国家级 | 水族马尾绣 | 宋水仙 | 女 | 三都水族治县三合镇民族村 | |
| 3 | 民俗 | 国家级 | 水书习俗 | 潘老平 | 男 | 荔波县佳荣镇拉易村三组 | |

| 序号 | 类别 | 级别 | 项目名称 | 姓名 | 性别 | 所在地 | 备注 |
|---|---|---|---|---|---|---|---|
| 4 | 民俗 | 国家级 | 水书习俗 | 欧海金 | 男 | 荔波县水尧水族乡水捞村水捞组 | 去世 |

表 5-7　省级水族非物质文化遗产名录项目代表性传承人

| 序号 | 类别 | 级别 | 项目名称 | 姓名 | 性别 | 所在地 | 备注 |
|---|---|---|---|---|---|---|---|
| 1 | 民俗 | 省级 | 水书习俗 | 韦佩君 | 男 | 都匀市归兰水族乡福庄村 | |
| 2 | 传统美术 | 省级 | 水族剪纸 | 韦帮粉 | 女 | 都匀市归兰水族乡奉合村 | |
| 3 | 传统音乐 | 省级 | 水族夺咚 | 蒙邦敏 | 男 | 都匀市归兰水族乡潘硐村 | |
| 4 | 传统技艺 | 省级 | 水族银饰制作技艺 | 韦良恩 | 男 | 都匀市归兰水族乡基场村 | |
| 5 | 民俗 | 省级 | 水书习俗 | 韦光荣 | 男 | 独山县玉水镇天星寨 | 去世 |
| 6 | 民俗 | 省级 | 水书习俗 | 韦光礼 | 男 | 独山县玉水镇天星寨 | 去世 |
| 7 | 民俗 | 省级 | 水书习俗 | 杨胜帆 | 男 | 三都水族自治县中和镇旁寨村西洋组 | 去世 |
| 8 | 民俗 | 省级 | 水书习俗 | 韦见 | 男 | 三都水族自治县中和镇板羊村 | |
| 9 | 民俗 | 省级 | 水书习俗 | 杨胜昭 | 男 | 三都水族自治县中和镇中和村 | |
| 10 | 传统美术 | 省级 | 水族马尾绣 | 韦应娘 | 女 | 三都水族治县中和镇雪花湖社区 | |
| 11 | 传统美术 | 省级 | 水族马尾绣 | 石玉翠 | 女 | 三都水族自治县水岸都市小区 | |
| 12 | 传统美术 | 省级 | 水族马尾绣 | 韦引妹 | 女 | 三都水族自治县姑引村 | 去世 |

续表

| 序号 | 类别 | 级别 | 项目名称 | 姓名 | 性别 | 所在地 | 备注 |
|---|---|---|---|---|---|---|---|
| 13 | 传统美术 | 省级 | 水族马尾绣 | 潘小艾 | 女 | 三都水族治县中和镇板告村 | |
| 14 | 传统美术 | 省级 | 水族马尾绣 | 潘勉 | 女 | 三都水族自治县万户水寨移民村 | |
| 15 | 传统美术 | 省级 | 水族牛角雕 | 韦家贵 | 男 | 三都水族自治县中和镇板告村 | |

表 5-8　州级水族非物质文化遗产名录项目代表性传承人

| 序号 | 类别 | 级别 | 项目名称 | 姓名 | 性别 | 所在地 | 备注 |
|---|---|---|---|---|---|---|---|
| 1 | 传统美术 | 州级 | 水族马尾绣 | 吴晓愿 | 女 | 荔波县玉屏街道办事处水浦村 | |
| 2 | 传统美术 | 州级 | 水族马尾绣 | 吴红秋 | 女 | 荔波县玉屏街道办事处水浦村 | |
| 3 | 民俗 | 州级 | 水书习俗 | 蒙熙能 | 男 | 荔波县玉屏街道办事处水捞村 | |
| 4 | 民俗 | 州级 | 水书习俗 | 欧文春 | 男 | 荔波县玉屏街道办事处水捞村 | |
| 5 | 民俗 | 州级 | 水书习俗 | 潘老尖 | 男 | 荔波县佳荣镇拉易村三组 | |
| 6 | 民俗 | 州级 | 水书习俗 | 蒙文兵 | 男 | 荔波县黎明关水族乡太吉村三组 | |
| 7 | 民俗 | 州级 | 水书习俗 | 蒙君昌 | 男 | 都匀市归兰水族乡潘硐村 | 去世 |
| 8 | 民俗 | 州级 | 水书习俗 | 蒙富春 | 男 | 都匀市归兰水族乡潘硐村 | |
| 9 | 民俗 | 州级 | 水书习俗 | 吴佩君 | 男 | 都匀市归兰水族乡翁高村 | |
| 10 | 民俗 | 州级 | 水书习俗 | 蒙家荣 | 男 | 都匀市归兰水族乡翁高村 | |

| 序号 | 类别 | 级别 | 项目名称 | 姓名 | 性别 | 所在地 | 备注 |
|------|------|------|----------|------|------|--------|------|
| 11 | 传统美术 | 州级 | 水族剪纸 | 陆武舒 | 男 | 都匀市归兰水族乡奉合中心校 | |
| 12 | 传统美术 | 州级 | 水族剪纸 | 李兴霞 | 女 | 都匀市归兰水族乡潘硐村 | |
| 13 | 传统音乐 | 州级 | 水族夺咚 | 蒙有才 | 男 | 都匀市归兰水族乡潘硐村 | |
| 14 | 传统音乐 | 州级 | 水族夺咚 | 蒙跃德 | 男 | 都匀市归兰水族乡富裕村 | |
| 15 | 传统技艺 | 州级 | 水族银饰制作技艺 | 陈珍安 | 男 | 都匀市归兰水族乡基场村一组 | |
| 16 | 传统技艺 | 州级 | 水族银饰制作技艺 | 陈贵敏 | 男 | 都匀市归兰水族乡基场村一组 | |
| 17 | 传统技艺 | 州级 | 水族银饰制作技艺 | 陈贵选 | 男 | 都匀市归兰水族乡基场村一组 | |
| 18 | 民俗 | 州级 | 水族婚俗 | 韦宗远 | 男 | 都匀市归兰水族乡奉合中心校 | |
| 19 | 民俗 | 州级 | 水书习俗 | 韦章炳 | 男 | 独山县城关镇 | |
| 20 | 传统技艺 | 州级 | 水族辣椒酸制作技艺 | 吴茂芝 | 女 | 三都水族自治县三合镇 | |
| 21 | 民俗 | 州级 | 水书习俗 | 潘焕文 | 男 | 三都水族自治县中和镇塘州社区 | |
| 22 | 民俗 | 州级 | 水书习俗 | 潘秀业 | 男 | 三都水族自治县中和镇善哄村 | |
| 23 | 民俗 | 州级 | 水书习俗 | 杨胜昭 | 男 | 三都水族自治县都江镇羊瓮村 | |
| 24 | 民俗 | 州级 | 水书习俗 | 杨盛机 | 男 | 三都水族自治县九阡镇杨拱村 | |
| 25 | 民俗 | 州级 | 水书习俗 | 陆志 | 男 | 三都水族自治县中和镇中和村 | |

| 序号 | 类别 | 级别 | 项目名称 | 姓名 | 性别 | 所在地 | 备注 |
|------|------|------|----------|------|------|--------|------|
| 26 | 民俗 | 州级 | 水书习俗 | 韦学信 | 男 | 三都水族自治县大河镇苗草村 | |
| 27 | 传统美术 | 州级 | 水族马尾绣 | 韦妹 | 女 | 三都水族自治县周覃镇廷牌社区 | |
| 28 | 传统美术 | 州级 | 水族马尾绣 | 潘小敏 | 女 | 三都水族自治县中和镇姑引村 | |
| 29 | 传统美术 | 州级 | 水族马尾绣 | 王玉蕊 | 女 | 三都水族自治县人民大会堂旁 | |
| 30 | 传统美术 | 州级 | 水族马尾绣 | 王金花 | 女 | 三都水族自治县民族村 | |
| 31 | 传统美术 | 州级 | 水族马尾绣 | 潘晓菊 | 女 | 三都水族自治县中和镇庙良村 | |
| 32 | 传统美术 | 州级 | 水族马尾绣 | 韦小面 | 女 | 三都水族自治县中和镇良村 | |
| 33 | 传统美术 | 州级 | 水族马尾绣 | 韦娘 | 女 | 三都水族自治县中和镇庙良村 | |
| 34 | 传统美术 | 州级 | 水族马尾绣 | 杨小央 | 女 | 三都水族自治县鹏城学校 | |
| 35 | 传统美术 | 州级 | 水族马尾绣 | 潘小翠 | 女 | 福泉市城关镇 | |

## 黔南州水族非物质文化遗产名录项目代表性传承人简介（摘录）

### 宋水仙

宋水仙，女，1966 年 6 月 6 日出生，水族，三都水族自治县中和镇板闷村人。第一批国家级非物质文化遗产项目水族马尾绣代表性传承人。

宋水仙从懂事起就跟随母亲学习制作马尾绣，成年后又嫁到了素有"马尾绣之乡"美名的三洞乡板告村，师从水族地区著名的马尾绣能工巧匠潘水英（潘水英为其夫的祖母），凭着天生对马尾绣的热爱，她制作的马尾绣越来越好，不但针脚精美细腻，而且配色和谐、图案古朴，受到大家的好评，成为当地有名的马尾绣制作能手。2006年，她大胆地在三都县城开办了全县第一家马尾绣工艺品店，第一个把马尾绣变成了商品，这是马尾绣有着革命性意义的转变，从此带动了三都水族马尾绣的发展，马尾绣工艺品店从她这一家发展到现在的近十家，极大地推动了马尾绣的商品市场化。2010年，宋水仙在自家的木楼上建起了首家马尾绣家庭博物馆，免费展出自己多年收藏的马尾绣精品，成为三都水族自治县展示和宣传水族文化及马尾绣的平台和窗口。

## 韦桃花

韦桃花，女，1964年5月出生，水族，都水族自治县三洞乡板告村人。第一批国家级非物质文化遗产项目水族马尾绣代表性传承人。

韦桃花是中和镇三洞社区板告组一位普通的水族妇女，从小看着母亲和奶奶做马尾绣，渐渐懂事了的韦桃花也悄悄拿着大人们正在做的半成品琢磨着学做马尾绣，看她做得不错，母亲让她参与做马尾绣背带的局部绣片。凭着心灵手巧，刻苦学习，年轻的韦桃花就已成为远近村寨的马尾绣技艺的佼佼者。每逢她做好一件马尾绣产品带到集市上，就会有很多人争着购买，因为做工精美，许多人还上门定做马尾绣品。

2010年在党和政府的帮助下，韦桃花成立了三都水族自治县桃花马尾绣艺术品制作有限公司。目前韦桃花的公司已在中和镇三洞社区开发建成720平方米水族马尾绣生产、展示和培训基地，并在水族文化风情谷——万户水寨设立了940平方米集生产、销售、体验于一体的水族马尾绣生产示范基地。2018年至今，韦桃花的公司开展了200多期马尾绣技术培训，培训绣娘近万人，提供就业岗位500个，带动农村妇女、传承人、手工艺人、残疾人、贫困户等10000余人从事马尾绣生产制作，每人年均增加收入3500元以上。

表 5-9　贵州省人事厅评定的第一批高级水书师名单

| 序号 | 姓名 | 学历 | 单位（地址） | 专业技术职务 |
|---|---|---|---|---|
| 1 | 杨胜帆 | 小学 | 三都水族自治县中和镇西洋村 | 高级水书师 |
| 2 | 韦光荣 | 小学 | 独山县本寨水族乡天星村 | 高级水书师 |
| 3 | 欧海金 | 中专 | 荔波县水尧水族乡水捞村 | 高级水书师 |
| 4 | 蒙熙能 | 大专 | 荔波县永康水族乡德门村 | 高级水书师 |
| 5 | 潘老平 | 小学 | 荔波县佳荣镇拉易村 | 高级水书师 |
| 6 | 蒙君昌 | 初中 | 都匀市阳河水族乡潘硐村 | 高级水书师 |
| 7 | 韦佩君 | 中专 | 都匀市阳河水族乡福庄村 | 高级水书师 |
| 8 | 韩荣祖 | 初中 | 都匀市基场水族乡翁降村 | 高级水书师 |
| 9 | 韦锦才 | 中师 | 三都水族自治县合江镇石奇村 | 高级水书师 |
| 10 | 潘焕文 | 小学 | 三都水族自治县塘州乡拉海村 | 高级水书师 |
| 11 | 陆昌辉 | 初中 | 三都水族自治县三合镇行偿村 | 高级水书师 |
| 12 | 陆廷志 | 初中 | 三都水族自治县中和镇拉旦村 | 高级水书师 |
| 13 | 蒙国璋 | 初中 | 三都水族自治县三合镇牛场村 | 高级水书师 |
| 14 | 潘昌楼 | 初中 | 三都水族自治县三洞乡善哄村 | 高级水书师 |
| 15 | 潘天运 | 初中 | 三都水族自治县三洞乡水根村 | 高级水书师 |
| 16 | 潘秀业 | 初中 | 三都水族自治县三洞乡善哄村 | 高级水书师 |
| 17 | 潘玉特 | 初中 | 三都水族自治县三洞乡水根村 | 高级水书师 |
| 18 | 石占坤 | 小学 | 三都水族自治县中和镇拉旦村 | 高级水书师 |
| 19 | 韦光举 | 小学 | 三都水族自治县水龙乡科寨村 | 高级水书师 |
| 20 | 韦见 | 初中 | 三都水族自治县水龙乡拉佑村 | 高级水书师 |
| 21 | 谢朝海 | 小学 | 三都水族自治县廷牌镇同心村 | 高级水书师 |
| 22 | 张言洞 | 小学 | 三都水族自治县水龙乡水龙村 | 高级水书师 |
| 23 | 韦春儒 | 小学 | 独山县本寨水族乡农力村 | 高级水书师 |

为保护水书传承，贵州省于 2012 年首次启动水书翻译专业职务任职资格评定，对水书传承人进行任职资格认定，经评审，有 23 人被贵州省人事厅评定为高级水书师，有 13 人被黔南州人事局评定为中级水书师，有 41

人被黔南州人事局评定为初级水书师，"水书师"也因此成为全国职称评审中独有的专属系列。

### 3. 保护区范围内与非物质文化遗产传承密切相关的文物古迹和文献古籍

相关的遗址、遗迹、文物和珍贵的古籍文献及实物资料，是非物质文化遗产开展传承活动的空间场所和载体。加大对珍贵的特别是濒临消失的物质文化遗产实物、资料、场所的征集、收藏、保存和修缮，对保护和传承非物质文化遗产和保持良好的文化生态具有重要作用。

## 国家、省、州级重点文物保护单位名录
### 全国重点文物保护单位（1处）

水浦石板墓群（荔波县）

黔南水族墓群线性文物点之水达石板墓群（三都水族自治县）

黔南水族墓群线性文物点之引朗石板墓群（三都水族自治县）

黔南水族墓群线性文物点之水懂石板墓群（三都水族自治县）

### 省级文物保护单位（16处）

| | |
|---|---|
| 邓恩铭故居 | 荔波县红七会师旧址 |
| 水庆小学 | 黎明关遗址 |
| 深河桥抗战旧址及纪念碑 | 大寨墓群 |
| 怎雷村古建筑群 | 恒丰民族小学旧址 |
| 羊福崖墓 | 都江厅城墙 |
| 九阡水族起义遗址 | 石板寨抗日旧址 |
| 水浦古建筑 | 永济泉 |
| 比鸠红军桥 | 翁奇奎文阁 |

### 州级文物保护单位（3处）

布仰摩崖石刻　　　　　　　　百子桥

坤地覃氏民居和红军标语

## 国家、省、州级重点文物保护单位简介（摘录）

### 水浦石板墓群

墓群整体坐西向东。经研究考证为明末清初的水族古墓葬，共450座，均为"干栏式"石板墓葬，其建造形式结构独特，均用青石板砌成三层，一般高度为1.5至2.5米，长1.6至2.3米，宽0.7至1.3米。地上两层，地下一层，上两层一般有衣物、谷物、钱物、碗、酒杯等随葬品，地下一层置放死者的棺木。石板上刻有人物、龙凤、麒麟、禽兽、铜鼓及花草树木等图案，工艺精湛，各物形状栩栩如生。水浦石板墓群被认为是"反映水族民族文化的百科全书"，历史文化内涵丰富，极具历史、科研和艺术价值。

水浦石板墓群以地面建筑为主，结构复杂，形态奇特，其墓群建筑类型多样，是研究水族墓葬形制、葬俗演变的重要实物资料。墓葬画像题材丰富，是研究水族民俗、历史、服饰、日常生活的生动资料；雕刻技术精湛，技巧娴熟，具有较高的工艺美术价值，是不可多得的艺术珍品。水浦仿干栏式房屋墓石刻画像是中国古代墓葬石刻画石像的重要组成部分，且更有特点。墓葬上的水书文字是研究少数民族语言文字的难得资料。水浦古墓葬生动反映了水族原始宗教与道教、儒教相结合的多教融合形式。

2013年，水浦石板墓群被国务院公布为第七批全国重点文物保护单位。

### 邓恩铭故居

邓恩铭故居位于荔波县玉屏镇向阳中路。邓恩铭故居是一栋四排三间，青瓦顶，两边用青砖砌筑马头封火山墙的砖木结构建筑，坐西南面东北，由 86 平方米的故居、9 平方米的豆腐房、230 平方米的陈列室组成。邓恩铭，水族，1901 年 1 月 5 日出生于贵州省荔波县水浦寨，水浦寨现称邓恩铭故里。1905 年为生计所迫，恩铭举家随父迁荔波县城北街行医并定居于此，即今向阳路 21 号，称邓恩铭烈士故居。故里、故居互为一体。1917 年秋，恩铭投奔在山东做事的堂叔，考入济南省立第一中学就读。五四运动期间，在校组织进步团体"励新学会"。1920 年组织"马克思学说研究会"，后改称"共产主义小组"。1921 年 7 月，与王尽美同为济南共产主义小组的代表，出席中国共产党在上海召开的第一次全国代表大会，后又作为代表出席了党的第二、五次全国代表大会。1922 年 1 月赴莫斯科出席远东各国共产党及民族革命团体第二次代表大会。回国后在山东做党的工作和领导工人运动。1926 年任山东省委书记。1928 年秋在济南被捕。1931 年 4 月牺牲于济南，年仅 30 岁。1979 年经中组部、中宣部批准，贵州省人民政府将邓恩铭烈士故居公布为文物保护单位，1982 年 2 月贵州省人民政府重新公布为第一批文物保护单位。1990 年初故居修缮完毕，举办复原陈列，再现当年情景，并在后院新建的陈列室内举办邓恩铭生平事迹展览，于 7 月 1 日正式对外开放，江泽民题写的"学习邓恩铭烈士追求真理献身革命的崇高精神"、陈云题写的"邓恩铭烈士永垂不朽"和司马义·艾买提题写的"革命的先驱、民族的骄傲"等题词，同在陈列室中展出。

1982 年，邓恩铭故居被贵州省人民政府公布为第一批省级文物保护单位。

表 5-10　列入国家珍贵古籍名录的水书古籍

| 序号 | 证书编号 | 书名 | 批次 | 纪年/朝代 | 署名/书主 | 申报单位/个人 |
|---|---|---|---|---|---|---|
| 1 | 02375 | 九星诵读 | 第一批 | 清嘉庆抄本 | | 贵州民族学院潘朝霖 |
| 2 | 02376 | 庚甲 | 第一批 | 清道光二十九年（1849）抄本 | 韦朝忠 | 荔波县档案馆 |

续表

| 序号 | 证书编号 | 书名 | 批次 | 纪年/朝代 | 署名/书主 | 申报单位/个人 |
|---|---|---|---|---|---|---|
| 3 | 02377 | 逢井 | 第一批 | 清光绪十八年（1892）抄本 | 韦锦秀 | 中国民族图书馆 |
| 4 | 02378 | 万年经镜 | 第一批 | 清抄本 | | 三都水族自治县档案馆 |
| 5 | 02379 | 六十龙备要 | 第一批 | 清抄本 | | 三都水族自治县档案馆 |
| 6 | 02380 | 吉星 | 第一批 | 清抄本 | 韦景春 | 三都水族自治县档案馆 |
| 7 | 02381 | 泐金·纪日 | 第一批 | 清抄本 | | 荔波县档案馆 |
| 8 | 02382 | 金银 | 第一批 | 清抄本 | | 荔波县档案馆 |
| 9 | 06840 | 挡 | 第二批 | 清嘉庆二十二年（1817）写本 | | 荔波县档案馆 |
| 10 | 06841 | 大旺 | 第二批 | 清道光十二年（1832）写本 | 潘仕八 | 荔波县档案馆 |
| 11 | 06842 | 贪巨 | 第二批 | 清道光二十年（1840）写本 | 王朝凤 | 荔波县档案馆 |
| 12 | 06843 | 瓜 | 第二批 | 清咸丰元年（1840）写本 | 潘士八 | 荔波县档案馆 |
| 13 | 06844 | 八贪 | 第二批 | 清咸丰三年（1853）写本 | | 三都水族自治县档案馆 |
| 14 | 06845 | 俄益 | 第二批 | 清光绪十三年（1887）写本 | 韦阿巧 | 荔波县档案馆 |
| 15 | 06846 | 大吉把贪 | 第二批 | 清光绪十六年（1890）写本 | 潘锡佑等 | 荔波县档案馆 |
| 16 | 06847 | 历法 | 第二批 | 清抄本 | | 国家图书馆 |
| 17 | 06848 | 农事占卜 | 第二批 | 清抄本 | | 国家图书馆 |
| 18 | 06849 | 正七 | 第二批 | 清抄本 | | 中国民族图书馆 |
| 19 | 06850 | 二十八宿 | 第二批 | 清写本 | | 三都水族自治县档案馆 |

| 序号 | 证书编号 | 书名 | 批次 | 纪年/朝代 | 署名/书主 | 申报单位/个人 |
|------|---------|------|------|----------|----------|--------------|
| 20 | 06851 | 九星 | 第二批 | 清写本 | | 三都水族自治县档案馆 |
| 21 | 06852 | 六十甲子 | 第二批 | 清写本 | | 三都水族自治县档案馆 |
| 22 | 06853 | 秘籍 | 第二批 | 清写本 | | 三都水族自治县档案馆 |
| 23 | 06854 | 纳音五行 | 第二批 | 清写本 | | 三都水族自治县档案馆 |
| 24 | 06855 | 贪巨甲子 | 第二批 | 清写本 | | 三都水族自治县档案馆 |
| 25 | 09803 | 万事明指 | 第三批 | 清道光十三年（1833）抄本 | | 荔波县档案馆 |
| 26 | 09804 | 通书八贪 | 第三批 | 清同治二年（1863）抄本 | | 贵州民族学院潘朝霖 |
| 27 | 09805 | 丑辰 | 第三批 | 清光绪六年（1880）抄本 | 潘智基 | 荔波县档案馆 |
| 28 | 09806 | 挡朵 | 第三批 | 清光绪九年（1883）抄本 | 韦自修 | 荔波县档案馆 |
| 29 | 09807 | 安葬吉日通用井 | 第三批 | 清光绪二十七年（1901）抄本 | | 黔南布依族苗族自治州图书馆 |
| 30 | 09808 | 八宫取用 | 第三批 | 清光绪二十七年（1901）抄本 | | 黔南民族师范学院 |
| 31 | 09809 | 壬辰 | 第三批 | 清光绪二十七年（1901）抄本 | | 黔南民族师范学院 |
| 32 | 09810 | 逮昔 | 第三批 | 清光绪二十八年（1902）抄本 | | 三都水族自治县档案馆 |
| 33 | 09811 | 通用大吉 | 第三批 | 清光绪二十九年（1903）抄本 | | 荔波县档案馆 |
| 34 | 09812 | 看日阴阳 | 第三批 | 清抄本 | 潘玉龙 | 荔波县档案馆 |
| 35 | 09813 | 六十甲子贪巨 | 第三批 | 清抄本 | 时宪 | 荔波县档案馆 |
| 36 | 09814 | 纳牲 | 第三批 | 清抄本 | 潘芝贤 | 荔波县档案馆 |

续表

| 序号 | 证书编号 | 书名 | 批次 | 纪年/朝代 | 署名/书主 | 申报单位/个人 |
|---|---|---|---|---|---|---|
| 37 | 09815 | 卜辞 | 第三批 | 清抄本 | | 国家图书馆 |
| 38 | 09816 | 大吉 | 第三批 | 清抄本 | | 三都水族自治县档案馆 |
| 39 | 09817 | 都讲 | 第三批 | 清抄本 | | 国家图书馆 |
| 40 | 09818 | 吉书 | 第三批 | 清抄本 | | 三都水族自治县档案馆 |
| 41 | 09819 | 开新吉凶 | 第三批 | 清抄本 | | 荔波县档案馆 |
| 42 | 09820 | 龙戏 | 第三批 | 清抄本 | | 中国民族图书馆 |
| 43 | 09821 | 辰戌 | 第三批 | 清抄本 | | 黔南布依族苗族自治州图书馆 |
| 44 | 09822 | 辰戌 | 第三批 | 清抄本 | | 荔波县档案馆 |
| 45 | 09823 | 壬辰 | 第三批 | 清抄本 | | 三都水族自治县档案馆 |
| 46 | 09824 | 寅丑 | 第三批 | 清抄本 | | 黔南布依族苗族自治州图书馆 |
| 47 | 09825 | 申子 | 第三批 | 清抄本 | | 三都水族自治县档案馆 |
| 48 | 09826 | 亥子 | 第三批 | 清抄本 | | 荔波县档案馆 |
| 49 | 09827 | 子午 | 第三批 | 清抄本 | | 黔南民族师范学院 |
| 50 | 09828 | 胜益 | 第三批 | 清抄本 | | 荔波县档案馆 |
| 51 | 09829 | 所项 | 第三批 | 清抄本 | | 三都水族自治县档案馆 |
| 52 | 09830 | 阴阳 | 第三批 | 清抄本 | | 三都水族自治县档案馆 |
| 53 | 09831 | 正七 | 第三批 | 清抄本 | | 三都水族自治县档案馆 |
| 54 | 09832 | 百事大吉出富贵 | 第三批 | 清抄本 | | 黔南民族师范学院 |
| 55 | 09833 | 六十甲子流年 | 第三批 | 清抄本 | | 贵州民族学院潘朝霖 |
| 56 | 09834 | 八十银 | 第三批 | 清抄本 | | 贵州民族学院潘朝霖 |

| 序号 | 证书编号 | 书名 | 批次 | 纪年/朝代 | 署名/书主 | 申报单位/个人 |
|------|---------|------|------|----------|----------|--------------|
| 57 | 09835 | 把井学文书 | 第三批 | 清抄本 | | 贵州民族学院潘朝霖 |
| 58 | 09836 | 题解书旨 | 第三批 | 清咸丰元年（1851）抄本 | | 三都水族自治县档案馆 |
| 59 | 09837 | 子午卯酉年探 | 第三批 | 清同治元年（1862）抄本 | | 中国民族图书馆 |
| 60 | 11344 | 子午卯酉寅申 | 第四批 | 清同治九年（1870）抄本 | | 黔南布依族苗族自治州图书馆 |
| 61 | 11345 | 大柱 | 第四批 | 清光绪二年（1876）抄本 | | 三都水族自治县档案馆 |
| 62 | 11346 | 子午卯酉 | 第四批 | 清光绪八年（1882）抄本 | | 三都水族自治县档案馆 |
| 63 | 11347 | 子午年正七 | 第四批 | 清光绪八年（1882）抄本 | | 三都水族自治县档案馆 |
| 64 | 11348 | 立碑择吉 | 第四批 | 清光绪十年（1884）抄本 | | 荔波县档案馆 |
| 65 | 11349 | 正辰甲 | 第四批 | 清光绪二十年（1894）抄本 | | 三都水族自治县档案馆 |
| 66 | 11350 | 六十年吉凶日 | 第四批 | 清光绪二十六年（1900）抄本 | | 黔南民族师范学院 |
| 67 | 11351 | 子午卯酉辰 | 第四批 | 清光绪三十年（1904）抄本 | | 贵州民族文化宫图书馆 |
| 68 | 11352 | 九星配日 | 第四批 | 清光绪三十年（1904）抄本 | | 贵州民族文化宫图书馆 |
| 69 | 11353 | 挡华 | 第四批 | 清光绪三十四年（1908）抄本 | 杨永青 | 荔波县档案馆 |

现纳入国家珍贵古籍名录的水书古籍有 79 本，此处仅收录前四个批次的 69 本水书古籍。

# 水书珍贵文献古籍简介（摘录）

## 《万年经镜》

1. 上册：该书系清代手抄本，封面为"万年经镜"字样，以此为书名。内容涉及天文、历法、婚嫁、丧葬、择吉等多方面内容，总览、条目有1414条，为水族原始信仰、历史文化、民间知识典籍，是水族先民生产生活和社会实践的智慧结晶，为水书精品。

2. 中册：丧葬、营造、婚嫁、祭祖、拒鬼、补鬼、择吉避凶等总览条目。

3. 下册：该书封面为"万年经镜"字样，以此为书名。为丧葬忌戒择吉之用，有条目674条，为水族原始信仰、历史文化、民间知识典籍，是水族先民生产生活和社会实践的智慧结晶，为水书精品。

2008年3月1日，经国务院颁布为第一批国家珍贵古籍名录。

## 《六十龙备要》

水书《六十龙备要》一卷共三册，系清代手抄本；封面为汉文毛笔书写"六十龙备要"字样，以此为书名。此书包含了水族天文历法的诸多内容。是水族先民用以择吉避凶、预测行事、指导农事活动等方面用书，水族水文历书。反映了水族先民在生产劳动和社会实践中对天文星象与时间的深入观测和认识，是水族人民天文历法认识的经验积累和结晶。

2008年3月1日，经国务院颁布为第一批国家珍贵古籍名录。

## 《吉星》

该书封面为水墨印章汉文"吉星"字样，系清代手抄本。根据内容分析属于水书《壬辰卷》，为尊重原书抄录者，汉译书名为《吉星》。属水族信仰文化、民间知识杂糅的典籍之一。内容涉及九星运行、天文历法知识，以及重大生产生活事象择吉用书，反映了古代水族人民对天文历法、星象变化与人事吉凶祸福关联的体验，以及认识世界的一些原始朴素观念。

2008 年 3 月 1 日，经国务院颁布为第一批国家珍贵古籍名录。

## 4. 保护区范围内非物质文化遗产所依存的自然生态环境和人文生态环境

黔南水族文化生态保护区有中国历史文化名村 1 座、中国民间文化艺术之乡 6 处、贵州省民间文化艺术之乡 4 处、中国传统村落 54 个；有世界自然遗产地 1 处、茂兰世界生物圈保护区 1 个、国家级湿地公园建设试点 8 个、国家森林公园 4 个、省级森林公园 6 个、省级湿地自然保护区 1 处、全国森林旅游示范县 4 个、全国生态文化村 8 个、全国森林康养基地试点建设单位 4 个、省级森林小镇建设试点 4 个国家级自然保护区 1；国家 5A 级旅游景区 1 个、国家 4A 级旅游景区 10 个、国家 3A 级旅游景区 39 个。此外，黔南布依族苗族自治州、三都水族自治县、荔波县均成功创建为全国民族团结进步示范州（县）。

加强对国家级、省级、市级自然保护区以及国家、省级森林公园的保护，重点保护好已列入南方喀斯特世界自然遗产地的荔波县，促进水族文化生态保护区建设与国家文化公园建设有效衔接；保护好现有的国家级历史文化村、传统村落、古塔、古桥等；保护好端坡、卯坡、赛马场和芦笙坪、歌堂、游方场、对歌场、斗牛场和民族节日、集会等场所。

## 5. 重点保护非物质文化遗产赖以存续的文化空间

良好的自然和人文生态环境是非物质文化遗产赖以生存和展示的文化空间，立足于文化生态空间的保护，重点对在水族文化生态保护区范围内已列入中国传统村落的 54 个民族传统民族村寨进行整体性保护。

表 5-11 **列入中国传统村落名录的民族村落**

| 序号 | 地名 | 名称 | 批次 |
|---|---|---|---|
| 1 | 三都水族自治县都江镇 | 坝辉村 | 第一批 |
| 2 | 三都水族自治县都江镇 | 怎雷村 | 第一批 |
| 3 | 三都水族自治县三合街道 | 排烧村 | 第一批 |
| 4 | 荔波县永康水族乡 | 太吉村 | 第一批 |
| 5 | 荔波县永康水族乡 | 尧古村 | 第一批 |
| 6 | 荔波县玉屏街道办事处 | 水甫村 | 第三批 |
| 7 | 三都水族自治县三合街道 | 高寨村大寨 | 第四批 |
| 8 | 三都水族自治县三合街道 | 姑挂村姑鲁寨 | 第四批 |
| 9 | 三都水族自治县三合街道 | 行偿村姑八寨 | 第四批 |
| 10 | 三都水族自治县三合街道 | 龙台村王家寨 | 第四批 |
| 11 | 三都水族自治县三合街道 | 牛场村巴卯寨 | 第四批 |
| 12 | 三都水族自治县三合街道 | 排招村排招寨 | 第四批 |
| 13 | 三都水族自治县大河镇 | 甲照村甲照大寨 | 第四批 |
| 14 | 三都水族自治县大河镇 | 蕊抹村 | 第四批 |
| 15 | 三都水族自治县都江镇 | 摆鸟村 | 第四批 |
| 16 | 三都水族自治县都江镇 | 达荣村羊告组 | 第四批 |
| 17 | 三都水族自治县都江镇 | 盖赖村 | 第四批 |
| 18 | 三都水族自治县都江镇 | 控抗村 | 第四批 |
| 19 | 三都水族自治县都江镇 | 来术村 | 第四批 |
| 20 | 三都水族自治县都江镇 | 排抱村 | 第四批 |
| 21 | 三都水族自治县都江镇 | 排怪村 | 第四批 |
| 22 | 三都水族自治县都江镇 | 排外村 | 第四批 |
| 23 | 三都水族自治县都江镇 | 小脑村 | 第四批 |
| 24 | 三都水族自治县都江镇 | 小昔村党虾组 | 第四批 |

| 序号 | 地名 | 名称 | 批次 |
|---|---|---|---|
| 25 | 三都水族自治县都江镇 | 小昔村火烧组 | 第四批 |
| 26 | 三都水族自治县三合街道 | 下排正村下排正寨 | 第五批 |
| 27 | 三都水族自治县大河镇 | 轿山村轿山大寨 | 第五批 |
| 28 | 三都水族自治县大河镇 | 五星村者然大寨 | 第五批 |
| 29 | 三都水族自治县大河镇 | 敖寨村敖寨大寨 | 第五批 |
| 30 | 三都水族自治县普安镇 | 望月村排月寨 | 第五批 |
| 31 | 三都水族自治县普安镇 | 野记村 | 第五批 |
| 32 | 三都水族自治县普安镇 | 总奖村总奖大寨 | 第五批 |
| 33 | 三都水族自治县普安镇 | 鸡照村鸡照大寨 | 第五批 |
| 34 | 三都水族自治县普安镇 | 合心村的刁大寨 | 第五批 |
| 35 | 三都水族自治县都江镇 | 摆鸟村水坳寨 | 第五批 |
| 36 | 三都水族自治县都江镇 | 达荣村达洛寨 | 第五批 |
| 37 | 三都水族自治县都江镇 | 大坝村风柳寨 | 第五批 |
| 38 | 三都水族自治县都江镇 | 高坪村西音寨 | 第五批 |
| 39 | 三都水族自治县都江镇 | 高尧村 | 第五批 |
| 40 | 三都水族自治县都江镇 | 甲雄村 | 第五批 |
| 41 | 三都水族自治县都江镇 | 交德村 | 第五批 |
| 42 | 三都水族自治县都江镇 | 孔荣村排引寨 | 第五批 |
| 43 | 三都水族自治县都江镇 | 岩捞村万响寨 | 第五批 |
| 44 | 三都水族自治县都江镇 | 羊瓮村大中寨 | 第五批 |
| 45 | 三都水族自治县都江镇 | 坝辉村里捞寨 | 第五批 |
| 46 | 三都水族自治县中和镇 | 科寨村 | 第五批 |
| 47 | 三都水族自治县中和镇 | 拉佑村鲁寨组 | 第五批 |
| 48 | 三都水族自治县中和镇 | 板良村 | 第五批 |

续表

| 序号 | 地名 | 名称 | 批次 |
|------|------|------|------|
| 49 | 三都水族自治县中和镇 | 灯光村 | 第五批 |
| 50 | 三都水族自治县中和镇 | 下岳村 | 第五批 |
| 51 | 三都水族自治县中和镇 | 塘赖村二组、三组、四组 | 第五批 |
| 52 | 三都水族自治县中和镇 | 拉旦村 | 第五批 |
| 53 | 三都水族自治县周覃镇 | 和勇村和气寨 | 第五批 |
| 54 | 三都水族自治县九阡镇 | 石板村石板大寨 | 第五批 |

# 第十节　保护方式

## 1. 整体性保护

加强非物质文化遗产与相关联的物质文化遗产的统筹保护，特别是做好与黔南水族文化存续、传承紧密相连的文化生态环境的保护。采取非物质文化遗产名录项目保护与代表性传承人保护、物质文化遗产保护与非物质文化遗产保护，人文环境与生态环境保护相结合的方法，对黔南水族文化生态进行整体性保护。

## 2. 传承性保护

非物质文化遗产作为活态文化，是与传承人的文化传承联结在一起的。黔南水族文化生态保护区将以各级非物质文化遗产名录项目代表性传承人为核心主体，尊重传承人的地位及其传承方式和传承手段，整合文化、教育等多方资源，将非物质文化遗产保护知识纳入当地教育体系，推进非物质文化遗产进课堂、进教材、进校园、进社区，通过代表性传承人开展授课辅导活动，促使非物质文化遗产传承普及。通过传授、培训以及宣传等方式，使非物质文化遗产得到更好的传承。

### 3.抢救性保护

对具有重大历史、文化、艺术、科学价值的水族非物质文化遗产，特别是对濒临消失的黔南水族文化遗产及相关的非物质文化遗产进行抢救式保护，以记录和收集音频、视频、实物及相关的文献资料等形式，采取专门的抢救保护措施和积极传承的有效办法，达到妥善有效的保护和记录。如对水书习俗、水族古歌、水历等项目，积极组织开展技艺抢救，挖掘文化内涵，建立档案数据库；对旭早、水族斗角舞等项目，积极开展田野调查，在开展传统音乐舞蹈和戏剧曲艺复排工作的同时，按照现代审美要求，融入新的表现形式，使其重新焕发生命与活力。

### 4.生产性保护

在有效保护和传承的前提下，对于黔南水族文化生态保护区内属于传统技艺、传统美术和传统医药类的非物质文化遗产名录项目，实行生产性保护。以"见人见物见生活"的发展理念和"科学保护、提高能力、弘扬价值、发展振兴"作为指导方针，以人为本，活态传承；保护传统工艺流程的整体性和核心技艺的真实性；坚持保护优先，把社会效益放在首位，做好社会效益和经济效益有机统一；坚持依法保护，切实加强和规范黔南水族文化生态区非物质文化遗产的生产性保护。

### 5.展示性保护

利用广播、电视、报刊、新兴媒体等平台开展水族文化生态宣传，传播文化遗产知识，提高全社会保护文化遗产的意识；利用图书馆、文化馆、博物馆、科技馆、非遗馆等公共文化机构，对非物质文化遗产分类编目陈列展示和展演，实现活态与静态相结合；发挥高等院校、研究机构作用，开展文化遗产的整理研究，举办学术交流和宣传展示活动；充分利用黔南水族地区丰富多彩的传统民俗文化活动和重大民族节日、集会活动，以及对外交流展演活动和每年的"文化遗产日"等活动，对黔南水族文化进行展示、展演。此外，应紧跟时代步伐，在保护中传承，在传承中创新，举办"非遗村晚""百村水歌争霸赛""云游水族端节""水族美食欢乐季"等非物质文化遗产活动，针对水族马尾绣、水族豆浆染、蜡染等非遗项目开展文化创意设计，创新文化展示模式及非遗 IP 形象，建立非遗数智化保护及活态展示体系，多渠道、多形式展示黔南水族非物质文化遗产的独特魅力。

### 6. 数字化保护

深入挖掘水族非物质文化遗产的时代价值、社会功用，借助数字技术对非物质文化遗产进行采集和录入，加快非物质文化遗产数据库建设，完成州级以上非物质文化遗产名录项目数字化采集，并将采集数据实现与黔南州大数据平台互联互通，让广大群众享受到非物质文化遗产成果；对已列入中国传统村落的水族村落实施数字化记录，综合记录村容村貌、传统建筑、民风民俗、饮食习俗、婚丧嫁娶、传统技艺等内容，并使之与黔南全域旅游数据中心实现互联互通，充分展示丰富多彩的水族文化。此外，对以中共一大代表邓恩铭为代表的红色文化、以独山深河桥为代表的抗战文化、以都匀 083 基地为代表的三线文化进行深入挖掘，运用 VR 等技术，让文物"活"起来。

### 7. 制度化保护

黔南州人民政府制定非物质文化遗产保护和传承规划，将非物质文化遗产保护和传承工作纳入本级国民经济和社会发展规划，所需经费列入本级财政预算。鼓励单位和个人捐赠非物质文化遗产保护资金。保护资金的使用应当尊重捐赠单位和个人意愿，专门用于非物质文化遗产保护、管理、传承、利用。

黔南州文化广电和旅游局负责非物质文化遗产保护、管理、传承、利用工作。民宗局、国土资源局、教育局等部门根据各自职责，共同做好非物质文化遗产保护、管理、传承、利用工作。

州县两级人民政府应当对本级非物质文化遗产代表性传承人给予必要的传承经费资助，支持其开展非物质文化遗产的传承、传播活动。

# 第十一节　保护措施

建设文化生态保护区，将非物质文化遗产从单个的项目保护提升到与其依存的环境进行整体性保护，是遵循非物质文化遗产保护、传承和发展规律的科学保护方式。黔南水族文化生态保护区的建设，将通过制定、实施科学合理的保护规划和措施，持续推动黔南水族非物质文化遗产的整体性保护，形成良好的水族文化生态。

## 1. 科学制定黔南水族文化生态保护区总体规划

这是建设黔南水族文化生态保护区的前提。由黔南州人民政府组织文化和旅游、发改委、财政、教育、民族宗教、国土、城市建设规划等部门，在调查研究、统筹协调和科学论证的基础上，制定《黔南水族文化生态保护区总体规划》。总体规划要体现人与自然和谐相处、黔南水族非物质文化遗产保护与黔南经济社会全面协调发展的要求，突出黔南水族非物质文化遗产资源的独特价值、文化内涵和地方特色。要对黔南水族文化生态保护区文化资源与文化生态的现状作深入分析，明确黔南水族文化生态保护区建设的目标、工作原则与保护内容，确定保护范围与重点区域，制定保护方式、保护措施与保障措施，以及总体规划的分期实施方案。将《黔南水族文化生态保护区总体规划》纳入黔南州经济和社会发展总体规划。

## 2. 对黔南水族文化生态保护区重点区域进行整体性保护

在黔南文化生态保护实验区中，以核心保护区中自然生态环境基本良好、民族文化生态保持较为完整的乡镇、村落、寨子、社区等，作为对民族文化实施整体性保护的重点区域。注意保持重点区域的历史风貌和传统民族文化生态，不改变与其相互依存的自然景观和环境。注重黔南水族文化遗产的不同项目之间，非物质文化遗产与物质文化遗产之间，文化遗产与自然环境、人文环境之间的关联性，将单一项目、单一形态的保护模式，转变为多种文化表现形式的综合性保护。在黔南水族文化生态保护区内涉及文物、历史文化名村、自然保护区、风景名胜区的，要严格执行国家有关法律、法规的规定。

古村落是黔南水族文化保护的重点文化空间。古村落是物质文化遗产、非物质文化遗产和自然遗产的载体和空间存载形式。黔南共有大大小小的村寨千余个，其中有 68 个已列入中国传统村落名录，水族地区已列入中国传统村落的村寨便有 54 个，占全州国家级传统村落总量的 79.41%。

## 3. 加强重点文物单位的保护

坚持统筹规划、保护为主、保用结合，在严格保护文物的基础上，有效挖掘文物蕴含的历史、文化和科学等价值，推进文物合理适度利用，使文物保护成果更多惠及人民群众，充分发挥文物的公共文化服务和社会教育功能。重点对以中国共产党第一次全国代表大会代表邓恩铭为代表的红色文化、以独山深河桥抗战遗址为代表的抗战文化、以都匀 083 基地为代表的三线文化进行保护和利用，发挥好革命文物在党史学习教育、革命传统教育、爱国主义教育等方面的重要作用。

## 4. 加强非物质文化遗产名录保护

黔南水族非物质文化遗产涉及了传统口头文学以及作为其载体的语言；传统美术、书法、音乐、舞蹈、戏剧、曲艺和杂技；传统技艺、医药和历法；传统礼仪、节庆等民俗等非物质文化遗产类别。

根据黔南水族各级非物质文化遗产名录项目，特别是国家级名录和省级项目的不同类别特点，确定专门的保护单位，因地制宜、因类制宜地采取针对性措施进行保护。具体措施：对如水书习俗、水历等项目，做好资料的挖掘和整理；对水族马尾绣、水族九阡酒等传统技艺和美术类项目，搞好代表性传承人的技艺传承及原材料保护，征集代表性传承人的主要代表作品，支持鼓励探索生产性保护方式，实现非遗与旅游融合发展；对端节、卯节、敬霞节等民俗类的项目，搞好相关民族村寨民俗活动的开展，促进群体性传承；对黔南濒危的水族非物质文化遗产名录项目，优先实行抢救保护。在搞好保护的同时，三都、都匀、独山、荔波四县市非物质文化遗产保护机构要建立非物质文化遗产档案和数据库。

水族非物质文化遗产名录项目保护重点区域（建议）：

（1）旭早、水族古歌、水族双歌、水族单歌、水族情歌

主要保护地：三都水族自治县，都匀市归兰水族乡，荔波县黎明关水族乡、玉屏街道，独山县玉泉镇。

（2）水书、水历

主要保护地：三都水族自治县三合镇、中和镇、周覃镇、九阡镇、都江镇，都匀市归兰水族乡，荔波县黎明关水族乡，独山县玉泉镇的水族村寨。

（3）水族铜鼓舞、水族弦鼓舞、水族夺咚

主要保护地：三都水族自治县中和镇、周覃镇、九阡镇，都匀市归兰水族乡的水族村寨。

（4）水族服饰

水族服饰主要分为五种款式。主要保护地：三都水族自治县、荔波

县、独山县、都匀市的水族村寨。

（5）水族马尾绣

主要保护地：三都水族自治县中和镇、周覃镇、九阡镇的水族村寨。

（6）水族剪纸

主要保护地：都匀市归兰水族乡的水族村寨。

（7）水族石刻

主要保护地：三都水族自治县周覃镇、荔波县黎明关水族乡的水族村寨。

（8）端节、卯节、敬霞节

主要保护地：三都水族自治县、荔波县、独山县、都匀市等水族村寨。

（9）体育竞技

主要保护地：三都水族自治县、荔波县、独山县、都匀市等水族村寨。

（10）水族医药

主要保护地：三都水族自治县、荔波县、独山县、都匀市等水族村寨。

## 5. 加强非物质文化遗产代表性传承人的保护

加强对黔南州州级以上水族非物质文化遗产代表性传承人认定和命名，为其开展传习活动提供必要的场所，资助其开展授徒传艺、教学、交流等活动，继续开展对代表性传承人发放传承补贴的工作，对传承工作有突出贡献的代表性传承人给予表彰、奖励；对学艺者采取助学、奖学等方式，鼓励其学习、掌握黔南水族非物质文化遗产技艺，成为后继的传承人。继续向国家和省级文化和旅游行政部门申报，争取国家和省级非物质文化遗产名录项目代表性传承人的认定和命名，并为他们提供良好的传承环境。

## 6. 加强非物质文化遗产基础设施建设

非物质文化遗产基础设施是展示和传承非物质文化遗产的重要场所。黔南州拟分三个阶段，每个阶段 5 年（第一阶段：××－××年，第二阶段：××－××年，第三阶段：××－××年），建议实施以下工程。

1. 水族非物质文化遗产综合博物馆（展示馆）建设工程。

2. 水族非物质文化遗产专题博物馆（展示馆）建设工程：水书习俗专题展示馆、水族马尾绣专题展示馆、水族医药专题展示馆等。

3. 水族非物质文化遗产传承体验基地建设工程。

4. 水族非物质文化遗产数据库及档案建设工程。

5. 水族传统村落保护工程。核心保护村落 54 个（已纳入保护名录的 54 个国家级传统村落）。

6. 非物质文化遗产保护工作队伍建设及传承人保护工程。与省内外高校（含职业技术学院）合作，培养 500 名非物质文化遗产保护工作人才及传承人。

7. 水族非物质文化遗产生产性保护示范基地建设工程。在水族非物质文化遗产名录项目中，挖掘并树立 10 个有市场竞争力、具有先行示范性的典型。

8. 水族传统节日保护工程。持续扶持端节、卯节，形成节日品牌。

9. 水书抢救保护工程。挖掘抢救水书，对水书传承人开展数字化记录；搜集整理并出版水书翻译及研究成果；在传承基础较好的村寨建设水书传习所（室）。

10. 水族文化生态重点保护区内的乡镇增设非物质文化遗产主题展示空间，有条件的街道、社区和村寨要建立非物质文化遗产展示厅；同时，鼓励个人、企事业单位等社会力量建设形式多样的水族非物质文化遗产专题展示馆和传习所。

注重黔南水族非物质文化遗产珍贵实物资料和传承人代表性作品的征

集，并进行科学的展示陈列，充分发挥各级非物质文化遗产基础设施在保护、传承、展示、宣传黔南水族非物质文化遗产等方面的积极作用。

### 7. 加强水族文化生态保护区建设的理论和政策研究

针对黔南水族文化生态保护区内各类型非物质文化遗产，深入进行历史与现状的分析和研究，深入进行文化艺术价值、传承发展和开发利用规律的研究。充分发挥贵州省非物质文化遗产保护中心、贵州省文化艺术研究院、贵州省民族研究所、贵州省社科院民族所、贵州省博物馆、贵州省民族文化宫、贵州大学人类学研究所、贵州民族大学民族学与社会学院、贵州省中医药研究院民族医药研究所、黔南师范学院、黔南职业技术学院等现有高校和研究机构的作用。同时，鼓励建立相应的研究机构，积极开展与黔南水族文化生态保护区有关的理论研究和政策研究。利用国内外学术研讨会、论坛、座谈会、交流会等方式，深入研究黔南水族文化生态保护区建设中遇到的新情况、新问题，为黔南水族文化生态保护区建设提供理论依据和决策参考。

### 8. 加强非物质文化遗产的教育传承和人才培养

整合文化、教育等多方资源，将黔南水族地区非物质文化遗产保护知识纳入全州教育体系，积极推进黔南非物质文化遗产进课堂、进教材、进校园、进社区。通过组织代表性传承人进学校开展授课辅导活动，编写一批黔南水族地区非物质文化遗产传承普及和辅导读本。在黔南师范学院设置非物质文化遗产保护相关专业，在黔南职业技术学院等大专院校设置相关选修课程，建立黔南非物质文化遗产保护专业人才队伍。在中、小学设置相关乡土教育课程，进行非物质文化遗产的普及和专业培训，通过教育手段达到长效保护。使黔南水族地区非物质文化遗产成为对青少年进行民族传统文化教育和爱国主义教育的重要载体，培养新的传承群体，探索形式多样的传承方式。

通过举办培训班、考察学习、现场经验交流等方式，开展水族地区非物质文化遗产保护人员培训工作，提高保护人员的业务水平和工作能力。对州、县两级水族地区非物质文化遗产保护机构急需的专业人才，采取特殊的政策予以引进、吸纳。关心、支持水族地区非物质文化遗产保护工作人员的学习、工作和生活，为他们顺利开展保护工作提供必要的条件，对保护工作中成绩突出的人员要给予表彰和奖励。

## 9. 突出水族民众的文化主体地位

水族民众的认同程度和参与程度是黔南水族文化生态保护区建设成败的决定因素。要充分理解和尊重水族民众的意愿，增进他们的文化认同感、责任感和自豪感，在水族传统节庆和各种民俗活动中，组织开展民间艺术的表演和宣传，培养年轻传承人。对积极有益的水族民俗活动给予支持，鼓励水族民众积极参与非物质文化遗产生产性保护、民族民俗节庆活动等，激发水族民众的保护意识，提升水族民众的文化自觉，充分调动他们参与黔南水族文化生态保护区建设的主动性、积极性、创造性。

## 10. 营造水族文化生态保护区可持续发展的良好氛围

采取举办"黔南水族文化生态保护成果展""黔南水族民间文化艺术展""黔南水族文化生态博览会"和各种形式的国际国内"水族文化生态保护研讨会""水族民间文化节庆"等活动。充分利用报刊、广播电视、互联网等媒体对黔南水族文化生态保护区建设进行宣传报道，利用"文化遗产日"、传统节庆日、村寨及广场文化活动等多种形式，大力开展丰富多彩的水族文化活动。同时鼓励开展健康有益的民俗文化活动，努力营造推进黔南水族文化生态保护区建设，共建美好文化生态家园的良好氛围。

# 第十二节　保障机制

为保证黔南水族文化生态保护区建设工作的顺利进行，实现预期目标，必须建立强有力的组织、政策、资金等方面的保障机制。

## 1. 组织保障

### 1.1　领导机制

在贵州省文化和旅游厅的指导下，逐级成立水族文化生态保护区专门领导机构，保证生态保护实验区建设的相关工作落到实处。成立"黔南水族文化生态保护区建设工作领导小组"，由黔南布依族苗族自治州人民政府主要领导担任组长，分管副州长任副组长，州文化和旅游局、发改委、教育局、财政局、建设局、民族宗教事务局、国土资源局等相关职能部门主要负责人及各县、市人民政府主要领导为成员；各县（市、区）参照成立相应的领导小组；领导小组作为黔南水族文化生态保护区建设的常设机构，设在州、县两级文化和旅游行政部门，负责保护区工作的调度统筹、指导督促、检查落实等。州、县两级领导小组下设办公室，负责文化生态保护区建设的协调、联络、沟通等工作，并配备管理、研究、宣传、培训等专职人员。

### 1.2　管理机制

在贵州省文化和旅游厅的指导下，组建"黔南水族文化生态保护区管理委员会"，管委会主任由黔南州人民政府分管领导担任，州直相关职能部门主要领导、县（市、区）主要领导、黔南州文化和旅游局主要负责人和相关专家任委员，负责文化生态保护发展规划、管理制度和各项相关政策的制定。各县（市、区）参照成立相应组织机构，按照"黔南水族文化生态保护区管理委员会"制定的保护发展规划、管理制度和相关政策，对本辖区保护工作进行管理和决策。

### 1.3　咨询机制

在贵州省文化和旅游厅的指导下，成立"黔南水族文化生态保护区专家委员会"。为开展对黔南水族文化生态保护区的业务指导，由贵州省文化和旅游厅、黔南州人民政府聘请国家、省级非物质文化遗产保护专家作为核心专家，聘请黔南民族师范学院、黔南民族职业技术学院和地方科研单位专家，共同组建黔南水族文化生态保护区专家委员会，对保护区的工作提供全面的学术指导和智力支持。

### 1.4　参与机制

在贵州省文化和旅游厅的指导下，成立"黔南水族文化生态保护区保护与发展协会"，联合各民族学会、村民委员会、农村建设理事会、农村专业合作社、农民协会、老年协会、宗亲会、款会、寨老会等社会组织与乡规民约等文化传统相结合，开展保护活动，逐步形成全民参与黔南水族文化生态保护区建设的合力。

### 1.5　督查机制

贵州省文化和旅游厅，州、县（市、区）两级领导小组要加强对黔南水族文化生态保护区创建工作的指导和督查，及时贯彻落实国家文化部及其专家组的要求和意见，总结经验，调整工作重点，接受国家文化和旅游部、省文化和旅游厅的检查、指导。各级文化和旅游行政部门要把黔南水文化生态保护区的建设作为文化事业发展的一项重要工作，坚持不懈地抓紧抓实，加强经常性的指导检查和管理，确保黔南水族文化生态保护区建设工作实现预期目标。

## 2．政策保障

黔南州人民政府要将黔南水文化生态保护工作纳入黔南州国民经济和社会发展规划，并根据文化生态保护区工作开展的实际需要，制定：

《黔南水族文化生态保护区总体规划》；

《黔南水族文化生态保护区管理暂行办法》；

《黔南水族文化生态保护区非物质文化遗产项目保护单位管理办法》；

《黔南水族文化生态保护区非物质文化遗产代表性传承人资助及管理暂行办法》；

《黔南水族文化生态保护区试点保护工作暂行规定》；

《黔南水族文化生态保护区重点项目保护工作暂行规定》；

《黔南水族文化生态保护区专项资金管理使用暂行办法》；

《黔南水族文化生态保护区生态补偿暂行办法》；

《黔南水族文化生态保护区基础设施建设规划》。

## 3．资金保障

设立黔南水族文化生态保护区建设专项资金，列入黔南州年度财政预算；州内各县（市、区）人民政府也要设立相应的专项资金，列入年度财政预算。

建立"黔南水族文化生态保护区基金"，充分调动人民群众的积极性，发挥社会组织的作用，积极吸引社会资金，接受社会各界及境内外人士的捐助，用于保护区的建设工作。

## 4．人才保障

通过举办培训班、考察学习、现场经验交流等方式，对开展非物质文化遗产保护人员进行培训培养，提高保护人员的业务水平和工作能力。

对文物、非物质文化遗产保护机制急需的专业人才，采取特殊的政策予以引进、吸纳。

# 第十三节　实施步骤

规划纲要实施期限为××－××年，共15年。分三阶段实施。

第一阶段：规划实验（××年－××年）

目标：全面规划实施黔南水族文化生态保护区，明确各级保护范围、内容、措施和目标；加强非物质文化遗产普查建档，完善非物质文化遗产名录体系；借鉴国内其他先行保护区的经验，选择重点进行保护实验。

第二阶段：全面实施（××年－××年）

目标：建立和完善黔南水族文化生态保护区保护管理体系，全面落实黔南水族文化生态保护区的各项规划，推广重点示范经验，全面展开保护工作。

第三阶段：常态保护（××年－××年）

目标：黔南水族文化生态保护区全面建成，进入常态保护阶段。

《黔南水族文化生态保护区规划纲要》的编制是一项系统工程，本文主要针对水族文化展开，所罗列事项也始终框定在"水族"上，如水族非物质文化遗产、水族村寨，等等。但在长期的共同发展历程中，水族早已与周边各民族形成了不可分割的命运共同体，因此在具体编制《纲要》过程中，还应关注与水族高度关联的其他民族的文化，不能简单地一刀切，这样才能真正实现整体性保护的目标。由于笔者才疏学浅，在此仅依据自己粗浅的认识完成一个初期探索，编制的内容及收录的数据均可能存在错漏，有待专家学者的批评和斧正。

# 第六章　规划实施与管理

申报国家级黔南水族文化生态保护区的目的是对水族文化进行整体性保护，更好地传承和保护水族文化，而不是简单地完成规划纲要或总体规划的编制，更不是将水族文化生态保护区看作是一个向上争取资金的项目，因此，我们必须在认真总结其他文化生态保护区建设经验的基础上，挖掘自身优势，正视自身问题，才能扬长避短，真真切切地将规划内容落到实处。

## 第一节　存在不足

### 1. 缺少实体性管理机构

文化生态保护区建设是一项宏大而系统的工程，不仅需要建立一个能协调各部门协同作战的领导小组，更需要建立一个专门的管理部门，由一支专业的队伍开展具体工作。目前，水族地区大部分县市均未设置专门的非物质文化遗产保护中心，其机构多以挂牌形式加挂于文化馆或文物管理所，相较于可以依靠国家免开经费每年定期开展美术培训和乡下演出的文化馆，以及动辄被追究文物安全工作责任的文物管理所，非物质文化遗产考核量化的指标明显要"虚"得多，因此在文化馆和文物管理所本职工作任务较重，且工作人员较少的情况下，非物质文化遗产工作岗位更像是一个流动岗，工作人员极不稳定，经常面临今天还在参加省州组织的专业知识培训会，明天就已调离的尴尬问题。没有专门的机构，没有专业的人员，即便是常规性的非物质文化遗产保护工作也只能是疲于应对，文化生态保护区建设自然更谈不上创新开展，基本上处于以非物质文化遗产日常工作替代文化生态区建设工作考核的状态，为了突出"工作成效"，以偏概全、搞形象工程的现象并不鲜见。由此可见，缺乏实体性管理机构在很大程度上必将束缚水族文化生态保护区长远而持续性的工作进程。

《国家级文化生态保护区管理办法》第三十一条要求：国家级文化生态保护区建设管理机构应当加强工作机构和队伍建设，配备一定数量的专职工作人员。因此，黔南水族文化生态保护区要想建设好，就必须建立一个专门的文化生态保护区管理机构，组建一支具有较强业务能力的稳定队伍，如果仍停留于建立保护区领导小组，以临时抽调人员组成保护区工作组，或是在某个现有机构上挂个牌等形式建立管理机构的阶段，其工作效率必然受到影响，结果自然也是不言而喻。

## 2. 协调机制不力

水族文化生态保护区建设内容繁杂，涉及水族非物质文化遗产资源与林业、农业、旅游、自然生态环境等资源的整合，文化和旅游部门作为政府的一个部门，仅依靠其职能显然难以协调处理建设中的综合关系，因此，必须建立一个明确且常态化的协调机制。

近年来，为了便于工作开展，文化主管部门已经建立了多个协调机制，将相关部门纳入其中，这些部门虽然都能根据工作要求进行配合，但主动参与并发挥实质性作用的并不多，如何才能在水族文化生态保护区建设问题上解决协调机制效能不力的问题？《国家级文化生态保护区管理办法》第十五条明确指出：国家级文化生态保护区总体规划应纳入本省（区、市）国民经济与社会发展总体规划，要与相关的生态保护、环境治理、土地利用、旅游发展、文化产业等专门性规划和国家公园、国家文化公园、自然保护区等专项规划相衔接。因此，文化主管部门应做好水族文化生态保护区的宣传工作，要彻底改变水族文化生态保护区的申报和建设只是文化主管部门一家之事的错误认识，而是要让各级政府充分认识到水族文化生态保护区的申报和建设在乡村振兴战略中将发挥的重要作用，政府主动将其纳入地方经济和社会总体规划，并将水族文化生态保护区建设纳入政府年度工作考核。只有在统一思想、明确目标、理清责任的基础上建立跨部门甚至跨区域的协调机制，才能从根本上解决同心同向、用心同行的问题。

### 3. 资金保障不足

水族文化生态保护区建设的目标是对水族文化进行整体性保护，涉及面已从过去单纯的项目和代表性传承人保护拓展到整体区域保护，因此其需要大量的建设资金，然而由于黔南经济发展相对滞后，至今未建立非物质文化遗产专项资金，非物质文化遗产保护经费主要依靠每年划拨的国家级和省级专项，鉴于黔南非物质文化遗产资源量多面广的现实，上级专项经费只能是杯水车薪，如黔南州 2021 年获省级水族文化生态保护区专项经费 20 万元，在完成培训和传习所建设等规定动作后，已然难以再开展其他活动，而且已建立的传习所还将面临后续持续资金不足，难以正常开展传习活动的窘境。因此，各级地方政府除了向上积极争取资金外，还应充分认识水族文化生态保护区建设的重要性，改变经费完全依靠上级财政的思想，主动将保护经费列入财政年度计划。此外，针对地方财政吸引资金力度不够的问题，各级政府应给予相应的政策，鼓励水族文化生态保护区在建设过程中激活造血新模式，提升资金自给能力，从而形成一个可持续发展的良性循环机制。

### 4. 宣传力度不够

2006 年，《国家十一五时期文化发展规划纲要》首次提出设立国家级民族民间文化生态保护区，文化生态保护区建设作为社会发展进程中的新生事物，社会的认知度还不够高，时至今日，黔南的广大群众乃至部分领导干部对文化生态保护区建设的内容还不尽了解，这也是出现 2019 年黔南水族文化生态保护区错过申报情况的重要原因，由此可见，水族文化生态保护区宣传不到位，不仅影响到社会参与，甚至在某些层面上还会影响对此项工作的决策能力。因此，应加强水族文化生态保护区的宣传力度，特别是借助行业协会、传承人群、民间艺术团队等具有深厚群体基础的团体，以山歌、花灯等群众最喜闻乐见的方式，深入社区、深入山乡、深入村寨，去宣传什么是水族文化生态保护区？为什么要建设水族文化生态保护区？如何去建设水族文化生态保护区？等等，增强水族群众的文化认同，让其自觉参与到水族文化生态保护区的建设中来，从根本上改变水族文化生态保护区建设就是政府部门工作的错误认识，通过群众共同参与，培育文化土壤，不仅可以使非物质文化遗产在社会群众生活中得以生根发芽，还可以补足现代公共文化服务体系中传统文化缺失的环节。

## 5. 创新发展能力不足

黔南非物质文化遗产丰富，特别是以水族马尾绣、水族九阡酒酿造技艺等为代表的非物质文化遗产项目，经过千百年的传承积淀，至今仍具有较高的文化和经济价值，但是由于水族地区交通闭塞，水族文化传承人受教育水平普遍偏低等原因，导致水族非物质文化遗产创新发展之路较为艰难。以水族马尾绣为例，水族绣娘受文化视野和创新能力的限制，一般只专注于传统技艺水平的提升，但在工艺创新、题材创新、文化创意和适应时代需求等方面存在明显不足，这也是至今三都水族自治县虽然成立了数十家水族马尾绣企业和合作社，但大部分仍停留在对旅游市场上其他民族刺绣工艺品的简单模仿阶段，整体呈现小、散、弱的状态的原因。因此，应加大对以水族马尾绣为代表的非物质文化遗产的研究力度，有针对性地开展设计、管理、营销等方面的专项培训，有目的性地培养新型管理人才、新型设计人才、新型营销人才，让非物质文化遗产的发展与现代社会相适应，让非物质文化遗产重新回归生活，为文化创意与传统文化的融合发展铺平道路。

# 第二节　对策建议

## 1. 构建组织保障体系，加强统筹抓落实

一是构建自上而下的组织领导体系。在州级层面，应建立黔南水族文化生态保护区联席工作会议制度，成立以州政府主要负责同志任组长的黔南水族文化生态保护区工作领导小组，制定十五年工作总体计划和五年工作行动计划，并建立州级水族文化生态保护区管理办公室，负责具体工作。在县市层面，三都水族自治县、都匀市、荔波县、独山县应召开水族文化生态保护区建设工作会议，明确本县市水族文化生态保护区建设目标、路径，并建立县市级水族文化生态保护管理办公室，在按照"一县一特"的要求开展整体性保护的同时，选取1～3个最具有地方特色的非物质文化遗产作为主要保护对象，形成文化品牌。在社会团体及传承人群层面，建立代表性传承人、本土专家、社会团体、非物质文化遗产企业等广泛参与的"水族文化生态保护区理事会"工作机制，一方面参与决策水族文化生态保护区的整体性保护制度、措施和具体工作，另一方面立足省、州文化事业和产业发展新要求，推动非物质文化遗产在人民群众的当代实践中实现创造性转化、创新性发展，不断增强非物质文化遗产的生命力。

二是构建协同推进的部门责任体系。应从总体规划、发展支撑、服务保障等方面建立多部门协同发展的工作机制，制定工作目标，压实工作责任，明确发改、人社、环保、国土、农业、林业、文旅、民宗等部门依据

自身工作职责统筹保障，将单一部门实施变成多部门协同作战，共同为黔南水族文化生态保护区建设提供强力支撑。

三是构建非物质文化遗产创新发展体系。应以非物质文化遗产保护和利用为突破口，将水族文化生态保护区建设与新型城镇化、农业现代化、旅游产业化工作融通发展，一方面通过非物质文化遗产与现代公共文化服务相融合，满足群众对美好生活的不断追求；一方面通过文化培育，使传承千年的非物质文化遗产融入现代生活，弥补人们生活与非物质文化遗产的断裂关系，并从中汲取持续发展的营养和动力，使之成为乡村振兴永不枯竭的文化源泉；另一方面推动非物质文化遗产的创新发展，大力培育实体经济，将指尖技艺变成指尖经济，推动新型城镇化发展，为旅游产业化发展提供广阔的市场空间和产业支撑。

## 2. 构建工作推进体系，上下协同抓落实

一是州县一体推进规划编制。应将黔南水族文化生态保护区纳入全州"十四五"经济和社会发展总体规划的编制当中，采取"1 个州级规划＋4 个县市规划"的方式，统一编制"十四五"黔南水族文化生态保护区发展规划，在突出区域内部联动、区域协同、因地制宜的基础上，个性编制 4 个县市子规划。

二是网格式推进水族文化合理利用。应改变以往政府领衔、领导挂帅的工作模式，而是根据非物质文化遗产传承的特点，建立"网格制"工作推进体系，在传统节日、传统技艺、传统医药、传统美食、传统美术、民间文学、传统音乐、传统舞蹈、传统戏剧、曲艺、传统体育等十一个主要板块网格，明确网格员和负责人，网格员全部由社会团体、代表性传承人、非物质文化遗产企业或合作社、志愿者代表担任，负责人由网格员通过选举产生。通过政府引导，实现非物质文化遗产发展需求与市场和政府资源的合理配置，从而推动社会力量广泛参与壮大水族非物质文化遗产的合理化利用。

三是多举措推进保护区创新发展。以非物质文化遗产整体性保护为导向、以提升水族文化传承能力为目标、以培塑水族文化生态保护区品牌为基础，从加大水族文化生态保护区保护力度、提高管理水平、健全保障工作机制、建立考核工作激励机制等几个方面构建水族文化生态保护区建设的体制机制，促进保护区良性发展。

四是强化服务提升发展环境。根据非物质文化遗产的不同特点，组建由非物质文化遗产工作人员、高校专家、非物质文化遗产企业、代表性传承人共同构成的专项工作组，每个工作组定点对优选出的3～4户非物质文化遗产龙头企业（合作社）每月提供不少于一次的上门服务，通过长期跟踪服务，形成问题解决工作机制，为非物质文化遗产企业发展护航。

### 3. 构建目标导向体系，聚焦成效抓落实

一是围绕建设目标，细化任务。根据编制文化生态保护区规划纲要的相关要求，每个规划期以15年为建设周期。前文在《黔南水族文化生态保护区规划纲要》中提出建设总体目标是：建设一个黔南水族文化特色鲜明、内涵丰富、布局合理、管理规范、民众认同、社会知名度高、综合效益好，充分展示黔南水族文化魅力的文化生态保护实验区。围绕这个目标，提出了三个五年分阶段目标，四县市应结合自身实际情况，对任务进行细化，实现协同发展目标。

二是围绕制约瓶颈，寻求突破。针对水族文化在保护过程中，非物质文化遗产传承效果不明显、合理利用层次不清晰、要素保障缺乏支撑等问题，应尽快制定保护计划，特别是针对旭旱、水族山歌等传承面较广、群众自发参与积极性较高的非物质文化遗产名录项目，和水族马尾绣、水族九阡酒酿造技艺等具有较强市场潜力、能带动广大群众致富增收的非物质文化遗产名录项目，应分类绘制合理利用技术路线图、应用领域图、区域分布图等，出台系列保障性政策，为非物质文化遗产创新发展提供方向和强有力的要素保障。